Inhalt

Infoteil

Rezeptteil

Ganz praktisch…

Klappen-Innenseiten

Extra-Service: „Ich habe Lust auf …“
Stichwortregister nach Zutaten mit Zeitangabe, Personenzahl und Einkaufsliste

Buonissimo – so schmeckt Italien!

Tomaten, Mozzarella und Basilikum ...

... sind neben Pizza und Pasta zum Inbegriff der italienischen Küche geworden. Als „caprese“ essen wir sie als Vorspeise oder leichten Imbiss. Schmeckt immer super – was wollen wir mehr? Die Antwort: viel, viel mehr solcher Einfach-Genuss-Gerichte!

Die Zutaten ...

... für italienische Gaumenfreuden bekommen wir beim Gemüsehändler um die Ecke – es müssen ja nicht unbedingt neapolitanische Tomaten sein, nur eben aromatisch und sonnengereift! –, das übrige finden wir im Supermarkt, auch schon mal echten Büffel-Mozzarella!

Alles ganz easy:

Vom Einkauf bis zum Kochen. Und da können wir viel von den Italienern lernen. Auf dem Markt ist das Schwätzchen mit der Nachbarin genau so wichtig wie der Blick für Qualität. Und weil die eben nicht immer gleich gut ist – hängt ja auch von der Jahreszeit ab! – wandert nur das Beste in den Einkaufskorb und auf den Tisch: Ein gutes Hühnchen und saftige Zitronen – im Ofen sanft geschmort, wird daraus Pollo al limone, garantiert ein Leckerbissen! Kalbsschnitzel, Parmaschinken, Salbei und Parmesan vereinen sich in der Pfanne zu einzigartigen Saltimbocca! Ein Becher Sahne und eine Vanilleschote, das sind die Zutaten für Panna cotta.

Die Einkaufslisten sind super kurz, das Kochen dementsprechend einfach. Das Resultat: Spitzengenuss!

Genuss pur!

Kein Wunder, dass italienische Küche heute zu den beliebtesten der Welt gehört (auch in Tokio gibt es Spaghetti-Lokale und in Hongkong Italien-Retaurants!). Sie liegt exakt im Trend zum leichten und genussvollen Essen, und der wird in Asien ebenso gepflegt wie in Deutschland, den USA oder Australien. Selbst Ernährungswissenschaftler sind davon begeistert. Sie empfehlen lobend die gesunde „Mittelmeerdiät“, die dank viel frischem Saisongemüse, Olivenöl, reichlich Fisch und einem Glas Rotwein zum Essen vor dem Herzinfarkt schützen soll.

Was italienische Esser nach wie vor von ihren Nordnachbarn unterscheidet und diese zur immer häufigeren Nachahmung in der eigenen Küche veranlasst, ist ihre ungebrochene Lust auf **Antipasti**. Die Italiener haben eine Fülle von leckeren Vorspeisen erfunden, und nirgendwo sonst gehören sie so selbstverständlich zum täglichen Essen wie hier. Was in Deutschland früher die Suppe war, muss zwischen Aosta-Tal und Apulien bei einem richtigen Gelage auch zu Hause eine Großauswahl bieten ... Zwar gibt es den einsamen „Antipasto“, aber gebraucht wird das Wort grundsätzlich in der Mehrzahl: Da begnügt man sich nicht „vor der pasta“ mit einer marinierten Zwiebel! Die Auswahl reicht von feinen Fischvorspeisen, gefüllten Champignons, Carpaccio, Melone mit Schinken über Crostini in vielfältigen Variationen bis zur Frittata, dem italienischen Omelett mit Gemüse.

Und erst die **Pasta**! Mit viel Fantasie und doch einfach zubereitet kommen Nudeln in allen Variationen auf den Teller, außerdem Risotti und Polenta – mit Gemüse oder Fleisch, Fisch oder einfach nur mit Safran und Parmesan oder – Luxus! – Trüffeln gewürzt ...

Und die **Primi**? Je nach Lust und Laune Fleisch oder Fisch – gegrillt, gedünstet, gebraten, überbacken. Dazu die **Contorni**: Salat, Gemüse Polenta, Kartoffeln aus dem Ofen – Hauptsache frisch und der Jahreszeit angepasst. Aber: anders als bei uns wird nicht alles zusammen auf den Teller gehäuft! Die Italiener mögen es lieber, wenn die Beilage auf einem Extrateller liegt ...

Gemüse kommt aber nicht nur als Beilage auf den Teller – man denke nur an gefüllte und überbackene Gemüse, Rohkost mit Sardellensauce, Minestrone oder Auberginenauflauf!

Sogar die verführerischen **Dolci** halten sich an die Lustdevise der Italiener: „mia cucina – mio amore". Und weil Kochen mit Liebe und Hingabe betrieben wird, artet es auch bei den Nachspeisen nicht in Arbeit aus. Es bleibt ein fröhliches Kreativspiel mit frischem Obst und sanften Likören, Mandeln und Honig, Eis und luftigen Cremes, die Essen „alla italiana" glanzvoll vollenden!

Und nun das Beste: Für die italienische Küche gilt der absolut genussfreundliche Grundsatz: **Das Kochen muss so viel Spaß machen wie hinterher das Essen** – weil man für die Umsetzung der Rezepte keine Profilehre braucht, um meisterlich zu kochen. Selbst wenn wir nicht unter strahlender Urlaubssonne schlemmen: Italienisches Essen hat südlichen Charme – ein bisschen „dolce vita" eben!

Klassische Speisefolge:

Antipasti – diverse Vorspeisen aus Fisch, Fleisch oder Gemüse

Primi – Nudeln, Risotto oder eine Suppe

Secondi – Fisch oder Fleisch mit oder ohne Beilage

Dolci – frische oder gekochte Früchte, Eis, Kuchen ...

Und zum Abschluss: Espresso! Keinen Cappuccino – der wird nur am Vormittag getrunken. Sagen die Italiener. Wer will, darf natürlich trotzdem ...

Italienisch? Aber easy!!

Guten Tag
buon giorno

Guten Abend
buona sera

Mittagessen
pranzo

Abendessen
cena

Ich habe Hunger/Durst
ho fame/sete

Einfach-Genuss-Gerichte
piatti semplici e gustosi

So rufen Sie den Kellner:
senta, scusi!

Was empfehlen Sie?
che cosa consiglia?

Ich hätte gern ...
vorrei ...

Qualität
qualitá

leicht
leggero

Das war sehr lecker
era molto delizioso

danke
grazie

Tschüss und Hallo
ciao (unter Freunden)

Geht doch – oder??

Sie schlemmen, die Italiener...

...und wie! Jedes Essen machen sie zu einem Gesamtkunstwerk aus Farben, Gerüchen, gutem Geschmack, Lachen, Streiten und Selbstdarstellung. Das Aroma von Sauce, Fisch oder Fleisch muss so ausgiebig diskutiert werden wie „la moda“, die Börsennachrichten, Fussballergebnisse oder die „amore“ von Giannetta und Paolo im Büro ...

Die Liebe der Italiener zum Essen ist ererbt. Schon ihre etruskischen Vorfahren nahmen es so wichtig, dass sie sich die Geräte zur Nudelherstellung mit ins Grab geben ließen. Römer züchteten nicht nur Austern, sondern auch bessere Apfelsorten. Sizilianer holten Mandeln, Orangen, Zuckerrohr und Reis nach Italien. Und die Veneziamer machten Europa mit der Gabel bekannt – bevor sie sich durchsetzte, aß man Makkaroni & Co. mit den Fingern. Neapolitanische Bauern verwandelten die südamerikanische Tomate in die wichtigste Zutat italienischer Gerichte. Neben dem Olivenöl natürlich, das Griechen etwa 2000 Jahre früher ins Land gebracht hatten.

Trotzdem war und blieb italienisches Essen bis heute eigentlich eine Bauernküche, die vom Land in die Großstadt mitgenommen wurde.

Italien regional

Italien? Das gibt's doch gar nicht. Sagen die Italiener. Und italienische Küche? Erst recht nicht. Naja, Pasta wird überall gegessen und Pizza heutzutage auch, aber davon abgesehen? Nein, erklären Venezianer, Sizilianer oder die Toscaner, wir sind nur dem Pass nach Italiener, aber zu Hause fühlen wir uns in der Region, aus der wir stammen. Wir kochen auch nicht italienisch, sondern lieben unsere Regionalküche. Selbst wenn wir vom Land in die Metropolen, von südlichen Kalabrien ins nördliche Piemont gezogen sind. Oder umgekehrt.

Natürlich serviert der Padrone im Italienrestaurant nördlich der Alpen alles, was seine Kunden von ihm erwarten. Wenn Sie jedoch wissen möchten, was Sie in einem Ristorante in Roma erwartet und warum es ganz andere Gerichte sein können als in einer Trattoria siciliana, folgen Sie uns auf einem kleinen Streifzug durch die Küchen Italiens. Die Nord-Süd-Route lohnt sich – auch für Italienurlauber, die sich schon mal gewundert haben, warum zum Beispiel auf den Speisekarten in Venetien so selten Pizza steht und auf apulischen kaum je Polenta.

Kastanien, Reis & weiße Trüffel:

Vom Aosta-Tal ins Piemont

Kräftige Kühe auf den Almweiden, kleine Maisfelder in jedem der engen Täler, und in den fruchtbaren Ebenen Reis so weit die Augen schauen können: Kein Wunder, dass im Aosta-Tal die Pasta oft aus Eierteig gemacht und die Waldpilze in Butter statt mit Öl gebraten werden.

Die Polenta ist im Norden noch heute die beliebteste „Sättigungsbeilage“, Kastanien gehören im Herbst sozusagen zum täglichen Brot (auch zu Brötchen, Plätzchen und Kuchen verbacken), und südlicher aufgewachsene Piemonteser behaupten steif und fest: Wir haben den Risotto erfunden. Schließlich wachsen bei uns die größten Reiskulturen Europas.

Dass der wohl berühmteste italienische Käse, der Gorgonzola, vielleicht im Piemont erfunden wurde, betonen die Einheimischen nicht besonders. Schließlich nehmen auch die Lombarden diese Tat für sich in Anspruch. Statt dessen verweisen Piemonteser auf ihr bestes Feinschmeckerangebot: Auf die weißen Trüffel, die es ab Oktober in den Laubwäldern rund um die Provinzstadt Alba gibt. Die Trüffel reiben Feinschmecker dann über Pasta, Polenta, Risotto, Käsefondue oder – als Spezialität des Piemont – über Spiegelei. Teuer, aber unvergesslich gut.

Fisch, Spaghetti & Pesto:

Von San Remo bis Genua

In Ligurien, an der Küste zwischen der französischen Grenze über Genua bis La Spezia, steht natürlich Fisch im Mittelpunkt der Speisekarten, marinierte Sardellen als Antipasto zum Beispiel, die wunderbare Fischsuppe Buridda, frische Scampi oder mit Salbei und Rosmarin gewürzte Meerbarbe. Wer Fleisch will, freut sich auf Kaninchen und Huhn. Was noch? Immer und überall: Pesto! Zum Brot, zu den Spaghetti (die hier, in Pontedassio bei Oneglia, ihr eigenes Museum besitzen), zu Bandnudeln und Gnocchi, in die Minestrone gerührt oder über geröstete Kartoffelscheiben gestrichen – die frische Mischung aus Basilikum, Pinienkernen, geriebenem Bergkäse, Knoblauch und Olivenöl ist für die Küche des Piemont so typisch wie Pizza für Neapel.

Minestrone, Ossobuco & Mortadella:

Vom Gardasee nach Mailand

Genau genommen gibt es keine typische Küche der Lombardei. Dafür sind die Landschaften zwischen Gardasee im Norden, der Hauptstadt Mailand in der Mitte und Mantua im Südosten zu unterschiedlich. Was die Lombarden allerdings gemeinsam haben, ist ihre Vorliebe für Fleisch – mal abgesehen von den frischen Seefischen des Lago Maggiore, di Como, d'Iseo und di Garda. Sie lieben ihre Würste, rühmen sich der geschmorten Kalbshaxe Ossobuco und verweisen stolz auf die Erfindung der Cotolette milanese, für die Kalbskoteletts fein paniert werden – wie Wiener Schnitzel.

Auch das dünn geschnittene Kalbfleisch in Thunfischsauce, das Vitello tonnato, stammt aus der Lombardei, ebenso die berühmte Gemüsesuppe Minestrone, für die es hundertundein Rezept gibt, und das Bollito misto: In Mailand kocht „la mamma" dafür Rinderzunge, Rinderbrust und Huhn mit unterschiedlichem Gemüse. Immer gehört natürlich Salsa verde dazu, die pestoartige Sauce aus Sardellen, Kapern, Semmelbröseln und reichliche Petersilie.

Speck, Fisch & Schinken:

Von Trient nach Venedig

Durch die nördlichen Provinzen Italiens, durch Südtirol und das Trentino, Friaul und Venetien zogen Jahrtausende lang so viele Eroberer, dass ihre kulinarischen Spuren heute noch zu schmecken sind ... In Südtirol hinterließen die Deutschen ihre Vorlieben für deftige Gerichte. In den Landschaften nördlich von Triest spürt man heute noch österreichischen und slawischen Einfluss, und in Venedig selbst so wie in den Städten seines Umlandes haben die reichen Fernhändler früherer Jahrhunderte die Essvorlieben geprägt: Sie brachten die kostbaren Gewürze des Orients nach Europa.

Berühmt ist der friaulanische San-Daniele Schinken und das Risotto nero mit Tintenfisch. Im Norden und Westen werden häufiger Gnocchi als Nudeln und gerne Fleischgerichte serviert – das bekannteste ist wohl Fegato alla veneziana, die feinen Leberscheiben in Essig-Zwiebelsauce. Und an der Adria dominiert natürlich Fisch die Speisekarten!

Parmesan, Prosciutto & raffinierte Pasta:

Von Parma bis Ancona

Zwischen Piacenza, Parma und Ferrara im Norden über Florenz und seine toscanischen Delikatessen bis Spoleto und Ancona durchfährt der Urlauber drei Regionen – die Emilia Romagna mit Bologna als Hauptstadt, die Toscana und die östlich von ihr gelegenen Marche gleich „Marken“ von Ravenna über Rimini bis südlich von Ancona.

Natürlich haben auch sie ihre Spezialitäten. Im Norden sind das Parmesan und Parmaschinken, im Westen und in der Mitte zum Beispiel das Bistecca alla fiorentina (ein gegrilltes T-Bone Steak), im Osten erstklassige Würste und im südlich angrenzenden Umbrien schlichte, aber sehr schmackhafte Grillgerichte sowie die eigenen schwarzen Trüffeln. Was dieses mittlere Italien aber auszeichnet, ist die Verfeinerung der Pasta zu – zum Beispiel – Tagliatelle und Lasagne, das raffinierte Kochen mit Wein und Olivenöl.

Wer heute von „der“ italienischen Küche spricht, meint eigentliche die der Toscana und der angrenzenden Provinzen. Hier wurde das Konzept entwickelt, dass Qualität und Eigengeschmack der Zutaten wichtiger sind als die Kreativität berühmter Köche. Wenn jemandem drei Sterne für die Verbindung von Küchentradition, Genuss und modernem Lebensgefühl zustehen, dann den Toscanern und ihren Nachbarn.

Safran, Peperoncino & Panarda:

Durch die Abruzzen

Adler über Schnee bedeckten Gipfeln, auf die Sommersonne scheint – in den Abruzzen ist alles ein bisschen anders als im übrigen Italien: rauer, „uriger“, traditioneller. Auch das Essen. Hier gibt es noch reichlich Wild. Hier wächst Safran. Hier würzt man mit den höllisch scharfen Peperoncini, und hier wird die Panarda gefeiert:

Wann immer sich ein guter Anlass findet, trifft man sich in den Dörfern und Städtchen zum Festmahl, dass aus bis zu 40 Gängen bestehen kann und natürlich Stunden dauert.

Knoblauch, Artischocken & Saltimbocca:

Den Tiber entlang nach Rom

Friedlich schlängelt sich der Fluss, von den Bergen der Emilia Romagna kommend, durch Weingärten, Olivenhaine und Gemüsefelder, durch die italienische Hauptstadt bis Ostia, wo er im Mittelmeer mündet. An seinen Ufern wird heute noch eine Cucina casareccia gepflegt, eine Hausküche, die ihre Wurzeln in den einfachen Gerichten der frühen Römer findet: Porchetta, ein mit Rosmarin, Anis und Knoblauch gewürztes und am Spieß gebratenes Spanferkel sollen römische Priester schon vor mehr als 2000 Jahren Jupiter geopfert haben (wobei der Gott nur den Duft bekam, die Priester die feinsten Fleischstücke, die Dienerschaft des Tempels den mickerigen Rest).

Typisch für Latium und Rom sind die vielen Pasta-Gerichte wie etwa Spaghetti alla carbonara mit Speck, Eiern, Pfeffer und Pecorino-Käse oder Penne all’arrabbiata mit scharfer Tomatensauce und Parmesan.

Pizza, Maccheroni, Espresso & Gelati:

Rund um den Golf von Neapel

Einst hießen die Neapolitaner bei ihren nördlichen Nachbarn nur Gemüseesser (Mangiafoglie), weil sie sich angeblich nichts anderes leisten konnten. Noch heute bezeichnen viele Italiener sie aus dem selben Grund abfällig als Mangiamaccheroni, Makkeronifresser. Trotzdem kommen Urlauber aus Italien wie der ganzen Welt gern an den Golf von Neapel. Nicht nur der Altertümer und des guten Wetters wegen, sondern weil das Essen hier besonders gut schmeckt.

Hier wurde die Pizza erfunden, hier der Umgang mit den Pomodori, den „goldenen Äpfeln“ aus Südamerika geübt: Nirgendwo sonst nehmen Tomaten in der Küche eine solche Spitzenstellung ein wie in Neapel. Hier vervollkommneten Hausfrauen und die Gelatiere die Eisherstellung, und hier gibt es die besten Kuchen!

Orangen, Olivenöl & Spezialpasta:

Hinunter zur Stiefelspitze

Vom östlichen Apulien bis zum südlichen Kalabrien (dazwischen liegt die etwas unbekanntere Region Basilicata) stehen Zitrusfrüchte, Olivenanbau, Schafzucht und Fischfang im Mittelpunkt der Landwirtschaft. Darum ist die Regionalküche hier auch besonders abwechslungsreich und schmackhaft. Orangen und Zitronen gehen zwar in erster Linie in den Export, aber Olio extra vergine steht immer zum Würzen zur Verfügung, ebenso wie alle Kräuter des Südens plus Knoblauch und Zwiebeln.

Berühmt ist besonders Apulien für seine eigenen Pasta-Sorten und –Saucen. Orecchiette und Strascenate sind die bekanntesten. Heimische Lämmer und Ziegen werden gern gegessen, etwa als Agnello „all'aceto“ (Lammkeule in Essig) oder „ai capperi“ (mit Kapern). Daneben gibt es natürlich überall an der Küste erstklassigen Fisch und besonders Muscheln (am Golf von Tarent werden Austern und Miesmuscheln in großem Stil gezüchtet), jede Menge an Paprika, Pilzen, Artischocken, Auberginen, Tomaten und anderen Gemüsen und eine reiche Obstauswahl.

Der berühmteste Käse aus Kampanien ist der aus Büffelmilch hergestellte Mozzarella – selbst Toscaner geben hinter vorgehaltener Hand zu: der beste Italiens.

Thunfisch, Cuscus & Marzipan:

Kreuz und quer durch Sizilien

Griechen, Karthager und Römer, Normannen, Deutsche und Franzosen – sie alle haben irgendwann einmal über Sizilien geherrscht. Heute denkt niemand mehr an die Grausamkeiten, die sie begingen, aber die guten Hinterlassenschaften werden noch gepflegt. Die schönen Bauten für die Touristen, die kulinarischen Erfindungen für den eigenen Genuss.

Sizilianer hängen noch mehr als andere Italiener an ihrer heimischen Küche, denn sie ist natürlich und abwechslungsreich. Die Griechen führten Ölbaum und Weinrebe ein, die Karthager bauten hier Weizen an, und Römer pflegten die Gemüsezucht. Die Araber brachten Zuckerrohr, Mandeln, Datteln und Orangen auf die größte Insel des Mittelmeeres, die Normannen Stockfisch, und Friedrich II von Hohenstaufen förderte Obstanbau und Käseherstellung (aus Schafs- und Ziegenmilch).

Heute ist die sizilianische Küche eine bunte Mischung all dieser historischen Einflüsse. Man isst immer noch das arabische Cuscus – auf Sizilien gehören dazu pürierter Fisch, Tomaten und Kräuter –, man liebt den Stockfisch Pescestocco und serviert ihn „alla messinese“ mit Zwiebeln, Sellerie, Möhren, Kartoffeln, Kapern und Oliven.

Gemüse gehört zu jedem Essen, es kommt tatsächlich noch immer aus dem nächsten Umland. Obst als Nachtisch ist selbstverständlich, aber Süßes wird den ganzen Tag über gegessen – das hier erfundene Zitroneneis schon an einem heißen Morgen, Frutti della Martorana, die „lebensechten“ Früchte aus Marzipan, zum Espresso und Frutta candita, in Rohrzuckersirup kandiertes Obst, schmeckt sowieso immer.

Sie sehen: Es lohnt sich, eine Bummelfahrt quer durch Italien zu machen. Oder zu Hause das Beste aus seiner Küche nachzukochen. Auch wenn die Sonne im Norden nicht ganz so strahlend scheint, schmecken die Regionalgerichte aus dem Süden immer ein bisschen nach Ferien, also guuut!

Pomodori – Tomaten Unverzichtbar...

Sie sind aus der italienischen Küche nicht wegzudenken. Nur sonnengereifte und aromatische Früchte sind gut genug, um den hohen Ansprüchen der Hausfrauen oder Köche zu genügen. In der Erntezeit von August bis Oktober sorgt in Italien jeder Privathaushalt und Gastronom dafür, aus frischen Früchten einen Vorrat für die tomatenlose Zeit anzulegen – getrocknet oder eingekocht als Püree und Sauce. Wir müssen in den Supermarkt und holen uns Dosentomaten oder ein Päckchen gewürfelte Tomaten in guter Qualität.

Frische Tomaten

Flaschentomaten (auch Eiertomaten genannt) und Fleischtomaten sind am besten zum Kochen von Saucen oder Pürees geeignet, da sie kaum Samen, aber ein festes Fruchtfleisch haben. Italienkenner schätzen die Napoli- und Roma-Sorten. Die beste Qualität wird den Tomaten aus Kampanien zugesprochen und denen, die auf vulkanischer Erde rund um den Vesuv wachsen. Wer hier Tomaten kauft, muss experimentieren, denn nicht immer sind die Italien-Importe die besten.

Tomaten häuten

Werden Tomaten geschmort oder zu einer Sauce gekocht (die nicht durchs Sieb gestrichen wird!) dann stört die Haut: Sie müssen vorher entfernt werden. Dazu die Haut leicht einritzen. Die Tomaten 1 Minute in kochendes Wasser legen. Nicht länger, weil dann die Tomaten bereits garen und das Fruchtfleisch sich mit der Haut löst! Anschließend die Tomaten abgießen und mit kaltem Wasser abschrecken. Bei reifen Früchten löst sich dann die Haut fast von selbst, notfalls mit dem Messer nachhelfen. Für geübte Hobbyköche: die Tomaten vierteln und die Haut mit einem scharfen Küchenmesser vom Fruchtfleisch wegschneiden. Je nach Rezept auch die Kernchen entfernen.

Aus der Dose

Geschälte Tomaten heißen auf italienisch Pomodori pelati. Wer einfach nur von „pelati" spricht, den erkennt man sofort als Italienkenner! Außerhalb der Saison und wenn das frische Angebot zu wünschen übrig lässt, sind Dosentomaten ein idealer Ersatz zum Kochen von Saucen. Für Spontanköche ist ein Vorrat an Dosentomaten immer ratsam, denn das Rezept für eine Tomatensauce ist so simpel und schlicht wie die Pasta selbst. Die Komposition aus beidem ein Gedicht. Da die Dosentomaten viel Saft enthalten, empfiehlt es sich, sie vor dem Kochen von Saucen etwas abtropfen zu lassen.

Getrocknet

Pomodori secchi haben konzentriertes Tomatenaroma. In der prallen Sonne des Südens, besonders auf Sizilien, wird den aufgeschnittenen, mit Salz bestreuten Tomaten schon innerhalb von zwei Tagen der Saft entzogen. Getrocknete Tomaten gibt's beim italienischen Mercato, in Feinkostgeschäften und beim gut sortierten Gemüsehändler. Sie werden lose oder in Öl eingelegt angeboten und sind ideal für alle Gerichte, bei denen ein intensives Tomatenaroma gewünscht wird. Die getrockneten Tomaten am besten in etwas Öl andünsten, damit die Aromastoffe aufgeschlossen werden.

Aus der Packung

Passierte und gewürfelte Tomaten werden in Packungen angeboten und sind gut geeignet als fixe Grundlage für Saucen und Suppen.

Tomatenmark

Gibt's in Tuben oder Dosen in unterschiedlichen Konzentrationen (einfach, zweifach, dreifach). Je konzentrierter das Mark, desto intensiver der Geschmack. Tomatenmark gibt Saucen nicht nur intensives Aroma, sondern gleichzeitig eine leichte Bindung. Wenn Sie Tomatenmark in heißes Olivenöl einrühren, darf es zwar ganz leicht karamellisieren – Sie müssen aber aufpassen, dass es nicht verbrennt.

Schlaue Tipps für Tomaten-Fans:

– 1 Prise Zucker unterstreicht ihr süßes Eigenaroma.
– Beim Einkochen von Tomatensauce immer erst zum Schluss salzen und pfeffern.
– Halbierte Tomaten mit der Schnittfläche nach unten kurz in heißem Olivenöl anbraten: Fein als Beilage zu Kurzgebratenem!
– Passierte oder gewürfelte Tomaten bei großen Braten mitschmoren, das ergibt eine wunderbar gehaltvolle Sauce!

Easy zubereitet:

Pommarola/Tomatensauce

Kocht von selbst. Alles was Sie noch tun müssen, ist das Passieren. Entweder durch ein Sieb oder mit der Flotten Lotte, einem Passiergerät.

1 kg reife Tomaten würfeln und in einen Topf geben. 1 Möhre, 3 Zwiebeln und 1 Stange Staudensellerie würfeln und dazu geben. Deckel drauf. Alles bei schwacher Hitze etwa 45 Minuten weich dünsten. Anschließend passieren. Mit etwas Olivenöl verfeinern und mit Salz und Pfeffer abschmecken. Nach Belieben mit Basilikum oder Petersilie würzen – fertig! Übrigens: Sahne oder Crème fraîche gehören auf gar keinen Fall an eine typische italienische Tomatensauce.

Caprese

Tomatenrot, mozzarellaweiß und basilikumgrün, das sind die Farben Italiens, das ist Geschmack à la Italia, das ist der Tomatensalat, der weit über Italiens Grenzen berühmt geworden ist – und das ist easy cooking! Was Sie dafür brauchen? Aromatische Tomaten und Mozzarella. Beides in Scheiben schneiden und mit frischen Basilikumblättern auf Teller legen. Ein bisschen Olivenöl, Salz und Pfeffer drüber – Italien bittet zu Tisch! Die Zugabe von Essig wird noch diskutiert. Da Tomaten von Natur aus eine feine Säure haben, bedarf's keines Essigs – sagen die einen. Andere träufeln ein bisschen Weißweinessig oder Aceto balsamico über die Tomaten, weil's dem Mozzarella auch ganz gut tut. Probieren Sie's einfach selber aus.
Moderne Jungköche geben dem Klassiker ein neues Gesicht: Statt Basilikum nehmen sie Rauke, sie streuen noch ein paar geröstete Pinienkerne drauf, bepinseln den Mozzarella mit Pesto oder träufeln etwas Nussöl drüber. Alles einfach, alles schnell, alles super – und alles zur Nachahmung empfohlen!

Spaghetti „picchio pacchio"

Ein echtes Sommergericht mit ausgereiften Tomaten und für alle, die nicht gerne lange in der Küche stehen: Kleine Tomaten in Stücke schneiden, mit Olivenöl, gehacktem Knoblauch und Basilikum mischen. Etwa 2-3 Stunden durchziehen lassen und unter „al dente" gekochte Spaghetti mischen.

Gefüllte Tomaten

Geht ganz einfach und macht was her. Dazu brauchen Sie kleine feste Tomaten, von denen Sie einen Deckel abschneiden und das Innere mit einem Löffel herausholen. Ein Stückchen Ziegenkäse hineingeben, ein paar frische Kräuter, z. B. Thymian, Basilikum oder Oregano drüberstreuen, Olivenöl darüber träufeln und mit der Pfeffermühle drübergehen. Unter dem Grill kurz gratinieren.

Olio d'oliva – Olivenöl Qualität entscheidet!

Das flüssige Gold Italiens gilt als das beste – Olio d'oliva. Es steht zusammen mit Essig im Ristorante und in der Trattoria auf jedem Tisch, zum Anmachen von Salat, denn der ist immer „trocken" – so machen's die Italiener auch zu Hause. Man nimmt es zum Braten und für Antipasti-Marinaden, es gehört zum Pesto wie zur Salsa, es konserviert eingelegte Champignons und Tomaten – Olivenöl ist aus der italienischen Küche nicht wegzudenken. Kenner von gutem Olivenöl geraten ins Schwärmen: Sein Aroma hängt von Boden-, Klima- und Lagebeschaffenheit ab und wird mit Attributen wie elegant, zart, blumig, ehrlich, rustikal oder kräuterwürzig beschrieben. Und das macht deutlich: Olivenöl ist nicht gleich Olivenöl. Es gibt Qualitäts- und Geschmacksunterschiede.

Die Herstellung

Die Herstellung ist mühsam. Der Zeitpunkt der Ernte ist genau festgelegt: Er liegt zwischen grünen, unreifen Oliven und den ausgereiften schwarzen. Für qualitativ hochwertiges Öl werden die Früchte per Hand gepflückt oder durch Stockschläge von den Zweigen gelöst. Maschinelles Rütteln der Bäume ist allerdings die gängige Erntemethode.

Die Oliven werden dabei sanft in Netzen aufgefangen, da sie möglichst ohne Druckstellen in die Ölmühle zum Pressen kommen sollen. Der Grund: schadhafte Oliven gären schnell, verderben das Öl – es muss raffiniert werden.

Innerhalb von 24 Stunden, maximal in zwei bis drei Tagen, werden die Oliven zu einem Brei gemahlen, gepresst und in Saft und Öl getrennt. Ohne Filtern, Fremdzusätze und Raffinieren entsteht reines Olivenöl. Und das hat seinen Preis – auch in Italien.

Die Qualität

Das beste Olivenöl wird kaltgepresst, stammt aus der ersten Pressung und kommt als „Extra vergine" bzw. „Nativ Extra" in den Handel. Ein Vermerk auf dem Etikett, wo das Öl und die Oliven herkommen, garantiert 100% iges Olivenöl. Denn gemogelt werden kann auch hier: Auch Olivenimporte aus anderen Ländern werden in Italiens Ölmühlen verarbeitet und dürfen als italienisches Olivenöl gehandelt werden. Für den Verbraucher irreführend ist die Bezeichnung 100% Olivenöl. Hier handelt es sich immer um eine Mischung aus raffiniertem Olivenöl und Olivenöl „Extra Nativ". Laut EG-Norm wird Olivenöl nach dem Säuregehalt klassifiziert – je geringer der Säuregehalt, desto besser das Öl!

Natives Olivenöl Extra (Olio extra vergine) ist kalt gepresst und hat weniger als 1% Säure. Das schonende Pressen unter 40 Grad (am besten bei Körpertemperatur von 35-36 Grad) garantiert Spitzenqualität und ist bei Extra Nativen Olivenölen gewährleistet.

Natives Olivenöl (Olio vergine) ist ebenfalls kalt gepresst, hat aber etwa 2% Säuregehalt.

Olivenöl (olio miscelato) ist nur eine Mischung aus raffiniertem Olivenöl und Nativ- oder Extra-Nativ-Öl.

Der Geschmack

Dezent-milde Olivenöle stammen aus dem Norden Italiens, speziell aus Ligurien. Sie sind ideal für Salate und die feine Küche. Olivenöl aus dem Süden Italiens schmeckt kräftig-würzig. Toscana-Öle jedoch sind das Optimum an „gutem" Geschmack, denn sie vereinen alle Aromen zu einem einzigartigen „Bouquet".

Und hier noch der **Insider-Tipp**: frisches Weißbrot in „Olio extra vergine" tunken, etwas Salz drauf – ein wahrhaft göttlicher Genuss.

Formaggio – Käse Leckere Vielfalt!

Keine Frage, Parmesan und Mozzarella sind die Spitzenreiter unter den italienischen Käsesorten. Der Kräftige und der Dezente zählen auch bei uns zu den Favoriten. Warum? Weil sie so vielseitig sind: Parmesan, frisch gerieben, würzt fantastisch – fast alles, von Pasta, über Pizza, Risotti bis hin zu Gemüse, Suppe und Eintopf. Mozzarella, der so sanft schmilzt, ist ideal zum Überbacken und, weil er so schön mild schmeckt, fein im Salat.

Frisch, jung oder gereift?

Italienische Bezeichnungen für die Reifegrade von Hartkäse: „fresco" steht für jungen Käse, mittel bis gut gereifte Sorten werden mit „giovane" bis „stagionato" bezeichnet, wer ausgereifte Sorten kauften möchte, verlangt „formaggio vecchio".

Parmesan Nur der echte mit Gütesiegel kommt aus den Provinzen Parma und Reggio Emilia und darf sich Parmigiano reggiano nennen. Er wird aus Kuhmilch hergestellt und reift mindestens eineinhalb bis drei Jahre, bevor er als Hartkäse in den Handel kommt. Den Käse immer frisch im Stück kaufen. In Stückchen gebrochen (am besten mit dem mandelförmigen Parmesanmesser) schmeckt er zum Wein. Zum Würzen von Speisen immer frisch reiben. Als Dreiviertel-Fett-Käse ist er zum Überbacken nicht so gut geeignet, da er schnell verbrennt und bitter wird. Deshalb immer mit etwas Butter, Öl oder Sahne mischen.

Grana Padano Der Bruder des großen Parmesan aus der Poebene wird oft fälschlicherweise als Parmesan verkauft – aber deutlich preiswerter. Der Hartkäse hat die gleiche körnige Struktur und kommt bereits nach einem halben Jahr Reifezeit in den Handel.

Mozzarella Frischkäse aus Kampanien, der ursprünglich nur aus Büffelmilch hergestellt wurde. Er ist kräftiger im Geschmack als der mittlerweile gängige Mozzarella aus Kuhmilch, der, in Salzlake schwimmend und in Beuteln verpackt, im Supermarkt angeboten wird. **Tipp**: Mozzarella mit frischen reifen Feigen, mit etwas Honig beträufelt und frisch gemahlenem Pfeffer.

Gorgonzola Weicher Edelpilzkäse, pikant-würzig. Einer der berühmtesten Tafelkäse Italiens. Schmeckt zu Trauben, Birnen, Feigen und Nüssen. Gibt Käsesauce für Pasta und Gnocchi einzigartige Würze.

Pecorino Hartkäse aus Schafsmilch, der als Reibkäse für Pasta genommen wird. Fein auch über Gemüse. **Tipp**: Er schmeckt auch lecker zum Dessert – mit etwas aromatischem Honig beträufelt. Mal probieren!

Provolone Hartkäse , der als junger Käse mild und leicht süßlich, nach vier Monaten Reifezeit zart-würzig und nach sechs Monaten eher herzhaft schmeckt.

Ricotta Milder Frischkäse, der aus erhitzter Kuhmilch hergestellt wird und den man heute in der Kühltheke des Supermarktes findet. Für pikante und süße Füllungen, Desserts und zum Backen. Gesalzen und gereift für Salate ideal.

Caciocavallo Vollfetter Hartkäse aus Kuhmilch mit mildem Geschmack, kugelförmig mit typisch abgebundenem „Köpfchen".

Taleggio Traditionskäse aus der Lombardei, der aus Kuhmilch hergestellt wird. Vorzüglich als Tafelkäse.

Fontina Mild-würziger Schnittkäse aus dem Aostatal. Eignet sich auch gut zum Überbacken.

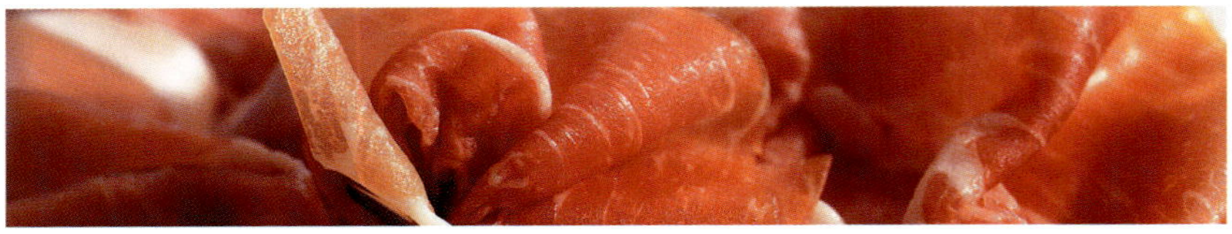

Salumi – Wurst und Schinken

Deutschland hat seinen Ruf verdient, es ist das Land der „Wurstmacher" mit über 1500 Sorten. Salami, Mortadella und Prosciutto, das berühmte Italien-Trio, hat schon längst seinen festen Platz in unserem reichhaltigen Angebot erobert. Italienische Wursttheken sind dagegen bescheiden, mit feinen auserwählten Spezialitäten aus der Region.

Aufschnitt ist bei uns der Belag für die Scheibe Brot zum Abendessen. Anders in Italien. Eine gemischte Aufschnittplatte (affettato misto) mit Salami, Wurst und Schinken wird als Antipasti serviert, dazu ein paar Oliven, Melone oder Feigen. Wurst und Schinken sind Belag für Tramezzini (kleine, feine Sandwiches) und Panini, die belegten Brötchen – und sie werden hauchdünn geschnitten. Schinken und Wurst verstecken sich in delikaten Füllungen für Ravioli und Tortellini, sie gehören aber auch in Suppen und Eintöpfe: Klassisches Gericht ist der Bollito misto mit Cotechino, einer Schweinswurst.

Die Salami

Sie besteht aus magerem Schweinefleisch, auch mit Rind gemischt, nur 10% reinem Schweinespeck und Salz. Die Würste werden luftgetrocknet. Das klingt simpel, ist aber eine große Kunst, denn es ist ein Prozess der sich etwa sechs Monate hinzieht. Voran geht das schnelle Antrocknen bei sommerlichen Temperaturen, danach bis zu weiteren zwei Wochen bei 20 Grad, bis sich ein schützender Schimmelbelag gebildet hat. Das anschließende kühle Trocknen bei ca. 15 Grad macht die Wurst haltbar und damit zur delikaten „Dauerwurst". Ursprünglich ein Prozess, der von der Natur bestimmt wurde: Klima, Feuchtigkeit, Wärme und Wind waren ausschlaggebend.

Das Geheimnis regionaler Spezialitäten liegt im unterschiedlichen Würzen, mit Peperoncini, Pfeffer, Knoblauch, mit Wein oder mit Fenchel wie in der Toscana-Spezialität, der Salame „finocchiona". Wer Mailänder Salami kauft, bekommt eine feine Wurst, weiter im Süden schätzt man eine gröbere Struktur.

Der Schinken

Prosciutto di Parma und San Daniele sind weltberühmt. Und das hat seinen Grund: dazu gehört die Auswahl der Schweine aus bestimmten Zuchtgebieten, das fachgerechte Einsalzen und das Reifen bei idealen Klimabedingungen bis zu einem Jahr – unter ständiger Pflege wird daraus butterzarter Schinken, kontrolliert durch ein Consorzium, das die Gütesiegel vergibt. Beim Parmaschinken ist es die fünfzackige Krone mit dem Schriftzug Parma, beim San Daniele, den man auch an seiner mandolinenähnlichen Form erkennt, das Brandzeichen SP.

Tipp: Als Snack zum Wein Prosciutto um Grissinistangen wickeln.

Weitere Spezialitäten

Mortadella Geräucherte Brühwurst aus Schwein, Kalb und Speck mit oder ohne Pistazien. Die kleinen sind etwa 3 kg schwer, die größten sind zentnerschwere Wurstriesen mit Wagenrad-Durchmesser.

Coppa gesalzener, gerollter Schweinenacken, gepresst und luftgetrocknet.

Pancetta vergleichbar mit unserem durchwachsenen Speck, allerdings würzig gepökelt und luftgetrocknet.

Prosciutto cotto Gekochter Schinken.

Salsiccia Schweinewürstchen vom Meter. Roh (zum Kochen) oder hart getrocknet. Gibt's übrigens auch von Wildschwein.

Sopressata grobe Schweinswurst aus Venezien. In jeder Form, geräuchert, getrocknet oder gekocht.

Was braucht der Koch noch?

Kapern - capperi Die Blütenknospen des Kapernstrauches sind überwiegend in Essiglake eingelegt, seltener in Salz konservierten. Ihr fein-säuerlicher Geschmack passt zu Pasta, Tomaten, hellem Fleisch, Fisch und eingelegtem Gemüse (Antipasti). Am feinsten sind die kleinen Nonpareilles. Kapern nicht lange mitkochen, sie verlieren Aroma.

Sardellen - acciughe Die kleinen Fischchen werden mit Salz oder Öl konserviert. Intensiven Geschmack haben die in Salz eingelegten, deshalb vorsichtig mit Wasser abspülen. Milder sind die in Öl. Sardellen würzen Pizza, Tomatensauce, Antipasti und sind Hauptzutat für Bagna cauda und gehören in die Pastasauce „puttanesca“.

Basilikum - basilico Das klassische Italien-Kraut kommt eigentlich aus Indien. Das nur nebenbei. Es duftet nach Italien wie kein zweites (auch wenn viele Gerichte dort mit Petersilie gekocht werden!). Es bringt uns den Genuss von Pesto, passt zu Tomate ebenso wie zu Mozzarella. Es wächst zwar unter südlicher Sonne, ist aber beim Kochen hitzeempfindlich und verliert schnell sein Aroma, deshalb erst kurz vor Ende der Garzeit mitkochen. Frische Bunde werden schnell welk. Nicht ins Wasser stellen – besser mit Wasser besprühen, in einen Plastikbeutel geben und verschlossen im Kühlschrank aufbewahren. Auch nach 2-3 Tagen noch frisch.

Pesto-Rezept – easy!

2-3 EL Pinienkerne leicht anrösten. Inzwischen die Blätter von 3 großen Bund Basilikum grob hacken. 3 Knoblauchzehen pellen, 50 g Parmesan fein zerbröckeln.

Alles mit knapp 1/8 l Olivenöl im Mixer pürieren. – Fertig!

Pinienkerne - pinoli gehören in Pesto, sie werden geröstet unter Pasta gemischt, machen aus Blattspinat und Gemüse eine raffinierte Beilage. Möglichst schnell verbrauchen, da sie wegen ihres hohen Ölgehaltes schnell ranzig werden. Wer gerne und häufig Pinienkerne verwendet, röstet sich einen Vorrat in reichlich Öl. Es nimmt das Aroma an und ist hervorragend zum Anmachen von Salaten geeignet.

Knoblauch - aglio Italienisch Kochen ohne Knoblauch – undenkbar! Verbrennt er in heißem Fett, schmeckt er bitter und verdirbt das ganze Gericht. Wer's dezent knofelig mag, kocht ganze Zehen mit Schale im Gericht mit. Junger, frischer Knoblauch ist so mild, dass Sie ihn gehackt auf ein in Olivenöl geröstetes Brot geben können.

Pfefferschoten - peperoncini Ein bisschen scharf oder höllisch scharf wie die Spaghetti all'arrabbiata? Die kleinen, feurigen Schoten aus der Paprika-Familie haben's in sich. Empfindliche Gaumen kochen erst mal mit einer halben Schote und gewöhnen sich an den Geschmack. Auch gut, wenn Sie eine ganze Schote mitkochen und hinterher entfernen. Im Gegensatz zu frischen Schoten sind getrocknete um ein vielfaches schärfer. Für beide gilt: Die Kernchen müssen entfernt werden, denn in ihnen steckt das Maximum an Schärfe. Und immer daran denken: Hände, die mit Peperoncini in Berührung kommen, weg vom Gesicht und den Augen, denn das brennt!

Mascarpone Was wäre Tiramisù ohne Mascarpone? Nur halb so göttlich! Der sahnige Frischkäse wird überwiegend für Desserts genommen. Den Gedanken an seinen hohen Fettgehalt am besten bis zum nächsten Tag verdrängen – und dann Joghurt essen ...

Marsala Italienischer Dessertwein. Der trockene wird gern zum Kochen genommen, der süße gibt Desserts ein blumiges Aroma.

Maraschino Klarer Kirschlikör aus der Marasca-Kirsche. Eignet sich hervorragend zum Einlegen von Kirschen und anderen Früchten und zum Aromatisieren von Süßspeisen und Kuchen.

Espresso & Co. – Italienisches Lebenselixier

Der kleine Schwarze wird bei uns heiß geliebt. Wir sagen Espresso, für den Italiener ist es ein Caffè. Behalten Sie Ihr Wissen aber hier im italienischen Restaurant besser für sich – denn wenn Sie Caffè bestellen, bringt der Kellner garantiert einen Filterkaffee, und den wollen Sie ja auf keinen Fall.

Wie schmeckt ein guter Espresso? Harmonisch mit feiner Säure, wenig bitter, eben aromatisch und: Er soll beleben, ohne Herzklopfen. Ausschlaggebend dafür ist die Kaffeesorte Arabica, ein kräftig gerösteter Kaffee und das Pressen des Kaffeepulvers mit kochend heißem Wasser unter Hochdruck, bei dem alle Geschmacksstoffe aus dem Kaffee „gefiltert“ werden, weniger das Koffein. Die italienischen Espresso-Kannen für die Herdplatte sind ganz o.k., aber einem Vergleich mit den Profi-Automaten halten sie nicht stand. Nur die liefern den zarten hellbraunen Schaum, die „crema“, auf dem Espresso.

Caffè, also den Espresso, trinkt man am Vormittag, nach dem Mittagessen, zwischendurch und am Abend nach dem Essen. Dann jedoch keinen Cappuccino – den trinken die Italiener nur zum schnellen, kleinen Frühstück und essen dazu ein „cornetto“, ein Hörnchen: pur (semplice) oder gefüllt mit Marmelade oder Schokolade.

Spezialitäten:

Caffè ristretto nur ein winziger Schluck sehr konzentrierter Espresso

Caffè die kleine Espressotasse ist halbvoll

Caffè lungo Espresso mit mehr Wasser zubereitet, füllt die ganze Espressotasse

Caffè doppio doppelter Espresso – doppelt stark

Cappuccino Espresso in der großen Tasse mit aufgeschäumter Milch

Marocchino zwischen Cappucino und Caffèlatte: Espresso mit aufgeschäumter Milch, im kleinen Glas serviert

Caffè macchiato Espresso mit etwas heißem Milchschaum

Caffèlatte wird im Glas serviert: Caffè mit viel heißer Milch

Latte macchiato heiße aufgeschäumte Milch, in die langsam ein Espresso gegossen wird. Ebenfalls im Glas serviert – und absolut trendy

Caffè corretto mit einem Schuss Grappa oder Brandy

Caffè freddo Eiskaffee

Caffè decaffeinato koffeinfreier Espresso – kaum zu glauben, was die Italiener alles haben ...

Vino – Wein: Weiß & rot & gut!

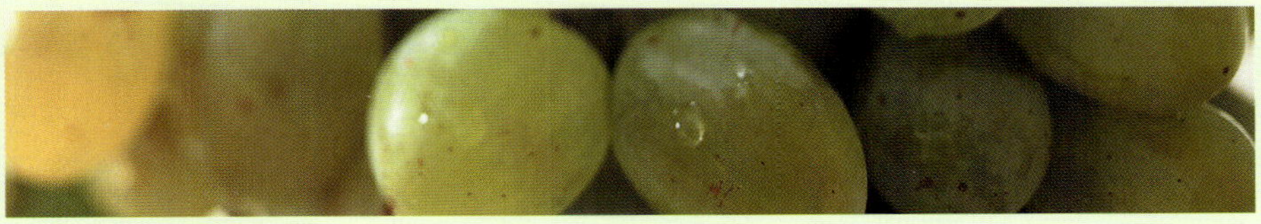

Wein & Essen ...

... das gehört in Italien zusammen. Dabei muss es nicht immer der teuerste sein, man bestellt Vino da tavola (den Tischwein) oder della casa (den Hauswein) und ist meistens gut bedient. Kein Spitzengewächs, zu einem akzeptablen Preis aber ein ehrlicher Wein! Meist aus der Region und der passt immer zum Essen.

Wie auswählen?

Die ersten Chianti in Korbflaschen, billige Weiße und süßer Asti Spumante machten uns in den fünfziger und sechziger Jahren noch Italien-glückselig. Dass wir am nächsten Tag Kopfweh hatten, nahmen wir als unvermeidlich hin. Erst in den siebziger Jahren entdeckten junge Winzer, dass sie im internationalen Vergleich nicht mithalten konnten. Sie verbesserten ihren Wein – mit erstaunlichem Erfolg.

Eine gute Auswahl italienischer Weine zu annehmbaren Preisen – dabei sind 6-8 Mark die unterste Grenze, besser, wenn Sie 8-10 Mark ausgeben können! – findet sich bereits im Supermarkt. Qualitätsweine besser beim Weinhändler oder im italienischen Mercato kaufen, dort werden Sie sicher auch gut beraten.

Gängige Sorten

Vor rund 10 Jahren „entdeckten" wir den weißen **Pinot Grigio** aus der Grauburgunder Traube, wir tranken ihn zum Essen und auf Partys. Darauf folgte schnell der **Prosecco** aus Venetien mit seiner leichten Kohlensäure. Er wurde zum absoluten In-Getränk.

In diese Kategorie gehören auch der vollmundig-milde **Frascati** (Latium), ein blumiger **Orvieto** aus Umbrien oder ein leicht fruchtiger **Soave** aus Venetien.

Bei den Roten ist man mit einem **Valpolicella** aus Venetien ebenso gut bedient wie mit einem **Bardolino** oder einem jungen **Chianti**.

Die Guten

Neugierige und Anspruchsvolle, die sich etwas Besonderes gönnen wollen, fragen bei den Weißweinen zum Beispiel nach einem **Gavi di Gavi** aus dem Piemont oder einem **Soave classico** aus Venetien. Bei den Roten sind es der gehaltvoll-samtige **Barolo** und der herzhafte, aber elegante **Barbaresco** aus dem Piemont, ein **Chianti classico** mit dem Gütesiegel „gallo nero", oder ein **Nobile di Montepulciano** aus der Toscana. Und wenn's mal richtig teuer sein darf: **Brunello di Montalcino**.

Bezeichnungen und Gütesiegel

Secco – trocken

Amabile – lieblich

Dolce – sehr süß

Vino da Tavola – ursprünglich Bezeichnung einfacher Weine ohne Herkunft und Jahrgang. Inzwischen aber auch übliche Bezeichnung für Qualitätsweine aus renommierten Gütern, was sich im Preis niederschlägt ...

DOC – Weine kontrollierter Herkunft aus einem Jahrgang, allerdings keine Qualitätsgarantie.

DOCG – Spitzenprädikat. Gesetzlich garantierte und kontrollierte Erzeuger- und Herkunftsbezeichnung.

Zum guten Schluss – finalmente:

Vin Santo Ein seltener Dessertwein aus besonders gelesenen und getrockneten Trauben, edelsüß oder trocken. Ursprünglich aus der Toskana und Umbrien.

Grappa Ein Tresterbranntwein aus sortenreinen Trauben, der als Digestif zum Caffè getrunken wird. Er ist vom einfachen Bauernschnaps inzwischen zum Modegetränk geworden.

Jetzt geht's los...

Antipasti – Vorspeisen
Das fängt ja gut an!

Verführerisch gut

Neben Pasta und Pizza übt die bunte Vielfalt der italienischen Antipasti eine magische Anziehungskraft aus – und macht so richtig Appetit: Köstlich eingelegtes Gemüse und marinierter Fisch gehören ebenso dazu wie simple Crostini, Bruschetta (sprich: brusketta), leichte Salate und Frittata. Keine Lust auf ein ganzes Menü? Va bene: Auch an Antipasti kann man sich satt essen!

Trendy ...

...für Genuss-Menschen: Ein Antipasti-Buffet, weil es Abwechslung bietet, Antipasti leicht sind, ganz fantastisch schmecken, dabei auch noch angenehm satt machen und für Kommunikation sorgen: „Davon musst Du unbedingt probieren – delizioso!" Oder: „Hier ist ein Hauch Thymian dran, zu den weißen Bohnen ein Gedicht!" Oder: „Die Pinienkerne bilden einen tollen Kontrast zum Spargel!" und schon ist man mittendrin – wie im richtigen Leben in Italien – denn da wird schließlich auch gerne gegessen und dabei ausgiebig übers Essen diskutiert!

Vinaigrette zum Marinieren von Gemüse

Grundrezept

4 EL Essig (Aceto Balsamico, Weißwein- oder Rotweinessig)
1-2 Knoblauchzehen, fein gewürfelt
Salz, Pfeffer aus der Mühle
4-8 EL Olivenöl
1 Hand voll Kräuter (Basilikum und/oder Petersilie), fein geschnitten

Alle Zutaten verrühren und über das Gemüse (Vorbereitung und Garzeiten siehe Seite 84/85) gießen. Easy Cooking empfiehlt Artischockenherzen und weiße Bohnen aus der Dose für Kochfaule! Gut gekühlt 4-6 Stunden durchziehen lassen.

Tipps für Extra-Aroma

Thymian und Rosmarin in etwas Olivenöl kurz andünsten.
Ein Peperoncino, feingewürfelt, gibt Schärfe.
Etwas feingewürfelte **Paprika** oder **Tomate** zufügen.
Mit einigen **Kapern** verfeinern.
Feingewiegte **Sardelle** (aus dem Glas) untermischen.

Tipps & Trends

Paprika häuten Um sie als Antipasti zu marinieren, werden sie gehäutet. Dazu die Schoten halbieren (sehr große Früchte vierteln), die Kernchen entfernen und die weißen Trennwände herausschneiden. Mit der Hautseite nach oben auf ein Backblech legen und mit etwas Öl bepinseln. Bei 225 °C etwa 15 Minuten im Ofen garen, bis die Haut dunkelbraun ist und sich Blasen bilden. Blech aus dem Ofen nehmen. Ein kalt ausgespültes Geschirrtuch darauf legen. 5 Minuten warten. Nun lässt sich die Haut leicht abziehen und ganz nebenbei: So bekommen die Paprika ein besonderes Aroma!
Wenn's eilt (aber möglichst nur dann): Die rohen Schoten einfach mit dem Sparschäler abschälen ...

Das liegt im Trend und ist easy:
Gemüse in einer mit Olivenöl ausgepinselten Grillpfanne **kurz braten**. Dann **in einer Marinade** aus Essig und Olivenöl **durchziehen lassen**. Super mit Paprika, grünem Spargel, Zucchini, Aubergine, Pilzen und Frühlingszwiebeln!
Klassisches **Carpaccio** mal **mit Rauke** anrichten – oder ein **Carpaccio aus frischem Fisch** auftischen. (Seite 29)

Klassiker – ganz easy

Crostini Kleine Weißbrotscheiben, die geröstet und mit Olivenöl beträufelt werden. Mit einer Paste aus Hühnerleber, Thunfisch oder Oliven bestreichen.
Bruschetta Geröstete Scheibe Brot (ist häufig Bauernbrot, kann aber auch Weißbrot sein). Mit einer halbierten Knoblauchzehe einreiben und mit etwas Olivenöl beträufeln. Klassisch mit fein gewürfelten Tomaten. Fantasievolle Varianten: mit Radicchio, Steinpilzen, Sardellen, Salami, Formaggio oder Tomaten ist üblich.
Frittata Ein Omelett, das mit verschiedenem Gemüse z. B. Erbsen, Zuckerschoten, Artischockenherzen, grünem Spargel, oder Kräutern gebacken wird. Zwei Rezepte finden Sie auf Seite 33 und 38. **Hier noch ein Trick** – Damit das Wenden easy geht: sobald die Frittata auf der Unterseite fertig gebacken ist, auf einen geölten Teller gleiten lassen, einen zweiten darüber legen, das Omelett umdrehen und zurück in die Pfanne gleiten lassen. Die zweite Seite ebenfalls bräunen lassen. In Streifen oder – molto italiano – in Tortenstücke schneiden.

Antipasti vom Mercato

Extrem easy – nur einkaufen und auftischen ...

Oliven Roh sind sie hart, bitter und nicht essbar. In Salzlake eingelegt werden sie zum italienischen Leckerbissen als Easy-Antipasti und zum Knabbersnack zum Wein, denn ihr Ölgehalt macht Alkohol verträglicher. Oliven werden mit Paprika, Sardelle und Mandel gefüllt, sie werden mit Kräutern und Knoblauch würzig eingelegt. Man bekommt sie mit und ohne Stein. Oliven muss man probieren, denn die Unterschiede reichen von herb-bitter bis mild-saftig.
Kapernäpfel Sind die Früchte des Kapernstrauches. Es gibt sie in Gläsern und lose zu kaufen. Trendy als Antipasti zum Pur-Essen oder als Garnitur verwenden.
Salami & Prosciutto Hauchdünn aufschneiden lassen und darauf achten: Es gehört zwischen die einzelnen Lagen ein Bogen Cellophan oder Pergament, damit die Scheiben nicht zusammenkleben und man sie später besser auf einer Platte ausbreiten kann.
Extra-Tipp: Eine Packung Grissini (dünne Brotstangen) und 150 g sehr dünn geschnittenen Parmaschinken kaufen und die Schinkenscheiben jeweils um die Hälfte einer Brotstange wickeln – das war's schon! Sieht gut aus, schmeckt gut, ist absolut easy ...

Mortadella Entweder hauchdünn geschnitten kaufen, dann kann man die Scheiben ebenfalls um Grissini wickeln oder – echt italienisch – dicke Scheiben nicht zu fein würfeln und mit Zahnstochern bestückt zu den übrigen Antipasti stellen.

Es geht auch ohne Rezept:

Gemüse-Antipasti sind immer willkommen. Was Sie dazu brauchen? Eine Vinaigrette, Fantasie und natürlich Gemüse. Seien Sie nicht zu italienisch, probieren Sie Sherry- oder Cidreessig aus, nehmen Sie statt Olivenöl auch mal etwas Nuss- oder Kürbiskernöl, die Sie allerdings mit neutralem Pflanzenöl mischen sollten, damit's nicht zu intensiv schmeckt. Nutzen Sie das vielfältige Kräuter-Aroma von Basilikum über Petersilie bis zu Minze und Thymian aus, greifen Sie auch mal zu Kerbel, Estragon oder Koriander. Fein abgeriebene Zitronenschale verleiht Möhren und Spargel den Frische-Kick. Ein Hauch abgeriebene Orangenschale gibt grünen Bohnen das gewisse Extra. Sie mögen's lieber chili-scharf? Gut – einfach etwas Sambal Oelek unter die Vinaigrette rühren, passt gut zu Aubergine. Das Ergebnis: eine wunderbare bunte Antipasti-Platte, die Appetit macht. Dazu noch reichlich Weißbrot und ein leckerer Wein – italienische Antipasti-Glückseligkeit in allerbester Form!

Gemüse mit Sardellensauce

Bagna cauda

Bitte zugreifen: Rohkost zum Dippen

Für 4 Personen

4 Wirsingblätter
Salz
8 kleine Möhren
1 Fenchelknolle
200 g Blumenkohlröschen
2 EL Butter
4 EL Olivenöl
6 Sardellenfilets, gehackt
3-4 Knoblauchzehen

1 Die Wirsingblätter längs halbieren und den Strunk herausschneiden.
2 Salzwasser aufkochen und die Wirsingblätter darin 2-3 Minuten blanchieren. Abgießen, kalt abschrecken und mit Küchenpapier trockentupfen.
3 Möhren schälen und längs halbieren. Fenchel putzen und achteln.
4 Die Wirsingblätter aufrollen. Vorbereitetes Gemüse und Blumenkohlröschen auf einer Platte anrichten.
5 Butter und Olivenöl in einem kleinen Topf erhitzen. Sardellen zufügen und den Knoblauch dazupressen. Die Sauce 3-4 Minuten köcheln lassen.
6 Die Sauce zu dem Gemüse reichen. Es wird bei Tisch in die Sauce gedippt.

Zeit: 30 Minuten
Kalorien pro Portion: 250

Tipp

Die Sauce am besten auf einem kleinen Rechaud bei Tisch warm halten. Die Gemüsepalette können Sie natürlich beliebig erweitern: Streifen von Paprika, Salatgurke und zarte Stangen von Staudensellerie passen ebenso gut!

Besonders easy

Statt der Sardellensauce passt auch ein Dip aus sehr gutem Olivenöl extra vergine mit etwas Salz und einem Spritzer Zitrone oder Essig.

Überbackener Mozzarella

Mozzarella al forno

Ofenheiß mit Käseschmelz - gut vor einem leichten Hauptgericht

Für 4 Personen

4 EL Butter
8 Scheiben altbackenes Weißbrot, dünn geschnitten
200 g Mozzarella, in Scheiben
Pfeffer aus der Mühle
4 Sardellenfilets, gehackt
2 EL Kapern
2 EL gehackte Petersilie
1 Knoblauchzehe
6 EL Schlagsahne

1 Den Backofen auf 180 °C vorheizen.
2 Vier feuerfeste Portionsförmchen (z. B. Eierförmchen) mit 1 EL Butter auspinseln.
3 Jeweils eine Scheibe Brot hineingeben, mit 1-2 Mozzarellascheiben belegen, mit etwas Pfeffer würzen, die zweite Scheibe Brot darauf legen und mit dem restlichen Mozzarella bedecken.
4 Im Ofen etwa 15 Minuten überbacken.
5 Die übrige Butter erhitzen. Bei mäßiger Hitze Sardellenfilets, Kapern und Petersilie darin anschwitzen. Den Knoblauch dazupressen. Dann die Sahne einrühren und aufkochen.
6 Über die heißen Mozzarella-Brote gießen, ein oder zwei Umdrehungen aus der Pfeffermühle drüber und sofort servieren.

Zeit: 25 Minuten
Kalorien pro Portion: 480

Tipp

Die Brotscheiben bekommen eine raffinierte Note, wenn sie mit ein wenig trockenem Marsala beträufelt werden.

Weiße Bohnen in Tomatensauce

Fagioli all'uccelletto

Super easy – schmeckt auch als leichtes Abendessen ...

Für 4 Personen

1 kleine Dose weiße Bohnen
2 EL Olivenöl
1 Zwiebel, gewürfelt
1 Knoblauchzehe, gewürfelt
1-2 EL Rotweinessig
2 TL Zucker
1 Packung (500 g) gewürfelte Tomaten
Salz
Pfeffer aus der Mühle
2 EL gehackte Petersilie

1 Die Bohnen auf ein Sieb schütten, mit kaltem Wasser abbrausen und gut abtropfen lassen.
2 Olivenöl in einem Topf erhitzen. Zwiebelwürfel und Knoblauch darin andünsten. Essig und Zucker zugeben und kurz verrühren. Tomaten einrühren und 10 Minuten einkochen lassen.
3 Die Tomatensauce mit Salz und Pfeffer kräftig abschmecken. Die Bohnen darunter mengen und auskühlen lassen.
4 Zum Servieren mit der Petersilie bestreuen.

Zeit: 15 Minuten
+ 1 Stunde Kühlzeit
Kalorien pro Portion: 190

Variation

Die Tomatensauce können Sie mit gewürfeltem Staudensellerie, Kapern oder fein geschnittenen Frühlingszwiebeln (wer Schnittlauch hat, kann auch den nehmen) immer wieder verändern.

Gefüllte Champignons

Funghi ripieni

Machen mehr her als Arbeit!

Für 4 Personen

20 mittelgroße Champignons
1/8 l Weißwein
1/8 l Gemüsebrühe (Instant)
250 g Ricotta
1 Zwiebel, gewürfelt
2 EL fein geschnittene Kräuter (Petersilie, Basilikum, Zitronenmelisse)
Salz
Pfeffer aus der Mühle
6 EL Olivenöl
1 Knoblauchzehe

1 Die Champignons säubern. Die Stiele herausdrehen und fein hacken.
2 Weißwein und Gemüsebrühe in einen Topf gießen und aufkochen. Die Champignons darin 3 Minuten köcheln lassen.
3 Mit einer Schaumkelle herausnehmen und auf Küchenpapier abtropfen und auskühlen lassen. Den Sud bei starker Hitze um die Hälfte einkochen lassen.
4 Ricotta mit den Zwiebelwürfeln, Kräutern und gehackten Champignons verrühren. Mit Salz und Pfeffer abschmecken. Die Champignons damit füllen.
5 Olivenöl zum Weißweinsud geben. Knoblauch dazupressen und mit Salz und Pfeffer würzen.
6 Den Sud in eine Schale gießen und die Champignons hineinsetzen. 3-4 Stunden durchziehen lassen.

Zeit: 30 Minuten
+ 3-4 Stunden zum Marinieren
Kalorien pro Portion: 290

Variation

Blättrig geschnittene Champignons (noch besser: Egerlinge) kurz bei starker Hitze in einer Grillpfanne anbraten. In einer Vinaigrette mit viel Petersilie und Basilikum und Knoblauch nach Gusto durchziehen lassen.

Carpaccio

Der Klassiker: Transparent-dünne Scheiben von rohem Rinderfilet plus Olivenöl plus Parmesan

Für 4 Personen

300 g Rinderfilet
4 mittelgroße Champignons
einige Spritzer Zitronensaft
Salz
Pfeffer aus der Mühle
2 EL Olivenöl
50 g frisch gehobelter Parmesan

1 Rinderfilet in Frischhaltefolie wickeln und etwa 1 Stunde im Gefrierfach anfrieren.
2 Champignons säubern und in ganz hauchdünne Scheiben schneiden. Mit ein paar Spritzern Zitronensaft marinieren.
3 Das Rinderfilet mit einem scharfen Messer (noch besser mit einer Aufschnittmaschine) in hauchdünne Scheiben schneiden. Vorgekühlte Teller mit den Scheiben auslegen.
4 Die Champignons darauf verteilen und mit wenig Salz und reichlich Pfeffer aus der Mühle würzen.
5 Nur noch mit Olivenöl beträufeln und mit dem gehobelten Parmesan bestreuen.

Zeit: 15 Minuten
+ 1 Stunde zum Anfrieren
Kalorien pro Portion: 250

Variationen

Die Filetscheiben zusammen mit Rucola anrichten. Vorher den Salat mit wenig Essig und Olivenöl marinieren. Sie essen lieber Fisch als Fleisch? Va bene! Ein köstliches Carpaccio können Sie mit Filet vom Seeteufel, Lachs oder frischem Thunfisch zubereiten. Aber Achtung: Der Fisch muss wirklich superfrisch sein!! Mit Zitronensaft und Olivenöl marinieren. Statt der Champignons passt auch ein Hauch rosa Pfeffer ... Mal ausprobieren!

Bruschetta

Sprich: brusketta
Übersetze: Tomaten-Röstbrot

Für 4 Personen

8 kleine Scheiben Bauernbrot
8 EL Olivenöl
4 möglichst frische Knoblauchzehen, fein gehackt
3 Tassen gehäutete, gewürfelte Tomaten (von 750 g)
Salz
Pfeffer aus der Mühle
2 Frühlingszwiebeln, fein geschnitten

1 Jeweils 2 Scheiben Brot in 2 EL Olivenöl hellbraun rösten und den Knoblauch darauf verteilen.
2 Die Tomaten darauf geben und mit einer Gabel leicht zerdrücken.
3 Mit Salz und Pfeffer würzen und mit den Frühlingszwiebeln bestreuen.

Zeit: 30 Minuten
Kalorien pro Portion: 320

Garnelensalat

Insalata di gamberi

Auch super für's Party-Buffet

Für 4 Personen

4 EL Olivenöl · 2 EL Zitronensaft
1 Knoblauchzehe · 1/2 roter Peperoncino
Salz · Pfeffer aus der Mühle
300 g kleine Garnelen, gekocht, ohne Schale
2 Stangen Staudensellerie
2 Frühlingszwiebeln
8 Kirschtomaten

1 Olivenöl mit Zitronensaft verrühren. Knoblauch dazupressen.
2 Den Peperoncino längs aufschneiden, die Kernchen entfernen und die Schote sehr fein würfeln. Dann zur Marinade geben und mit Salz und Pfeffer würzen.
3 Die Garnelen hineingeben und mischen. 15 Minuten durchziehen lassen.
4 Sellerie und Frühlingszwiebeln fein schneiden, die Kirschtomaten vierteln. Alles mit den Garnelen mischen und anrichten.

Zeit: 20 Minuten
Kalorien pro Portion: 270

Überbackene Crostini

Crostini mozzarella e radicchio

Ohne Mozzarella läuft nichts

Für 4 Personen

1 Knoblauchzehe
4 Scheiben Ciabatta
1 kleiner Radicchio
150 g Mozzarella, in Scheiben
4 Streifen Bacon
1 EL Olivenöl
einige frische Rosmarinnadeln
4 kleine Tomaten, gewürfelt
Salz
Pfeffer aus der Mühle

1 Den Backofen auf 200 °C vorheizen.
2 Die Knoblauchzehe halbieren und die Brotscheiben damit einreiben.
3 Radicchio putzen und in grobe Stücke schneiden. Die Hälfte davon auf die Brotscheiben geben. Mit Mozzarellascheiben belegen.
4 Die Brotscheiben auf ein mit Backpapier ausgelegtes Backblech geben und 10 Minuten überbacken.
5 In der Zwischenzeit eine Pfanne heiß werden lassen. Die Baconstreifen in Stücke schneiden und darin knusprig auslassen. Aus der Pfanne nehmen und auf Küchenpapier legen.
6 Olivenöl und Rosmarin in die Pfanne geben und kurz anbraten. Tomatenwürfel zufügen und 1-2 Sekunden heiß werden lassen. Mit Salz und Pfeffer würzen.
7 Den restlichen Radicchio, den Bacon und die Tomaten auf den Broten verteilen und sofort servieren.

Zeit: 25 Minuten
Kalorien pro Portion: 265

Crostini mit Olivenpüree

Toskana-Special

Für 4 Personen

1 kleines Baguette
150 g schwarze Oliven, entsteint
½ grüne Peperoni, entkernt
3 Knoblauchzehen
2 Sardellenfilets
4-6 EL Olivenöl · 1 EL Zitronensaft
1 EL Kapern · 1 TL Thymianblättchen
Salz · Pfeffer aus der Mühle
1 Prise Zucker

1 Den Backofen auf 220 °C vorheizen.
2 Das Baguette in Scheiben schneiden. Auf einem Backblech verteilen. Im Ofen 5 Minuten rösten, dabei einmal wenden.
3 Oliven, Peperoni, Knoblauch und Sardellen grob zerkleinern. 4 EL Olivenöl, Zitronensaft, Kapern, Thymian und die grob zerkleinerten Zutaten in einen Mixer geben und pürieren. Ist das Püree zu fest, das übrige Olivenöl zufügen. Mit Salz, Pfeffer und Zucker abschmecken.
4 Die Brotscheiben mit dem Olivenpüree bestreichen.

Zeit: 20 Minuten
Kalorien pro Portion: 325

Melone mit Parmaschinken

Melone e prosciutto

Klassisches Duo

Für 4 Personen

1 reife Melone, z. B. eine Netzmelone, Galia-, Ogen- oder Charantais-Melone
100 g Parmaschinken, dünn geschnitten
Pfeffer aus der Mühle

1 Melone halbieren, die Kerne entfernen und die Melone in Spalten schneiden. Das Fruchtfleisch mit dem Messer von der Schale trennen.
2 Melonenspalten mit Parmaschinken anrichten, mit Pfeffer bestreuen.

Zeit: 5 Minuten
Kalorien pro Portion: 110

Variationen

Die Zeit ist reif für neue Parmaschinken-Kombis: z. B. mit frischen Feigen plus einigen Tropfen Marsala, oder mit saftigen Birnen plus einigen gerösteten Pinienkernen.

Paprikaröllchen mariniert

Involtini di peperoni

Neuerscheinung am Antipasti-Buffet

Für 4 Personen

500 g rote Paprikaschoten
2 Scheiben Toastbrot
1 EL Zitronensaft
1 Bund Petersilie
10 grüne Oliven, entsteint
2 Knoblauchzehen
6 EL Olivenöl
Salz
Pfeffer aus der Mühle
3 EL Weißweinessig

1 Den Backofen auf 220 °C vorheizen.
2 Die Paprikaschoten vierteln und putzen. Mit der Hautseite nach oben auf ein Backblech (Backpapier oder Alufolie drunter, spart Abwasch!) legen. 15-20 Minuten backen, bis die Haut braun wird und Blasen wirft.
3 Von den Toastscheiben die Rinde abschneiden. Toast würfeln und mit Zitronensaft beträufeln.
4 Petersilienblättchen von den Stielen zupfen. Oliven klein schneiden. 1 Knoblauchzehe grob hacken. Alles zusammen im elektrischen Zerkleinerer pürieren, dabei 1-2 EL Olivenöl zufügen, so dass ein streichfähiges Püree entsteht. Mit Salz und Pfeffer würzen.
5 Die Paprikaschoten mit einem nassen Geschirrtuch bedecken und 5 Minuten abkühlen lassen. Dann die Haut abziehen.
6 Die Paprikaviertel mit dem Püree bestreichen und aufrollen. Nebeneinander in eine Schale legen.
7 Essig mit etwas Salz und Pfeffer verrühren. Die zweite Knoblauchzehe dazupressen. Das restliche Olivenöl darunter schlagen. Die Marinade über die Paprikaröllchen gießen. Abdecken und über Nacht kühl stellen.

Zeit: 40 Minuten
+ mindestens 10 Stunden Kühlzeit
Kalorien pro Portion: 210

Grüne Bohnen mit Sardinen

Fagiolini con le sardine

Von der Küste:
Easy und doch raffiniert!

Für 4 Personen

400 g grüne Bohnen · Salz
4 Schalotten
5 EL Olivenöl
2-3 EL Weißweinessig
1 TL körniger Senf
1 Knoblauchzehe
Pfeffer aus der Mühle
1 Prise Zucker
8 kleine, frische Sardinen (küchenfertig)
2 Tomaten

1 Die Bohnen in Salzwasser 10-12 Minuten garen.
2 Schalotten halbieren. 2 EL Olivenöl erhitzen und die Schalotten darin kurz andünsten. Von der Kochstelle nehmen. Essig, Senf und 4 EL Bohnenkochwasser einrühren. Den Knoblauch dazupressen. Mit Salz, Pfeffer und Zucker abschmecken.
3 Die Bohnen abgießen, kalt abschrecken und abtropfen lassen. Mit der Marinade mischen und 30 Minuten durchziehen lassen.
4 Sardinen mit Salz und Pfeffer würzen. Restliches Olivenöl in einer beschichteten Pfanne erhitzen. Die Sardinen darin braten.
5 Die Tomaten würfeln, dabei die Kernchen entfernen. Tomatenwürfel unter die Bohnen mischen und mit den Sardinen anrichten.

Zeit: 20 Minuten
+ 30 Minuten zum Durchziehen
Kalorien pro Portion: 225

Variation

Die etwas edlere Variante: Statt mit Sardinen schmecken die Bohnen auch super mit gebratenen Lachswürfeln.

Artischocken-Omelett

Frittata di carciofi

Klingt gut – ist gut!

Für 4 Personen

4 kleine, junge Artischocken
Salz
Saft von 1 Zitrone
1 rote Paprikaschote
2 EL Öl
4 Eier
4 EL Schlagsahne
Pfeffer aus der Mühle
2 EL Schnittlauchröllchen

1 Von den Artischocken die äußeren Blätter entfernen. Die Blattspitzen abschneiden.
2 In einem großen Topf Wasser aufkochen. Salz und Zitronensaft zufügen. Die Artischocken hineingeben und etwa 25 Minuten zugedeckt garen.
3 Inzwischen die Paprikaschote vierteln, putzen und mit einem Sparschäler schälen. Die Paprikaviertel in Streifen schneiden.
4 Eine beschichtete Pfanne erhitzen. 2 TL Öl hineingeben und die Paprikastreifen darin kurz andünsten. Dann aus der Pfanne nehmen.
5 Eier mit Sahne, Salz und Pfeffer verquirlen. Die Artischocken aus dem Kochwasser nehmen. Gut abtropfen lassen und, wenn sie etwas abgekühlt sind, halbieren oder vierteln.
6 Restliches Öl in der Pfanne erhitzen. Artischocken und Paprikastreifen hineingeben. Eiersahne darüber gießen. Deckel drauf und die Frittata bei kleinster Hitze etwa 10 Minuten stocken lassen, dabei ab und zu die Pfanne hin und her rütteln, damit sie nicht anhängt.
7 Die Frittata wie eine Torte aufschneiden und mit Schnittlauch bestreut servieren.

Zeit: 50 Minuten
Kalorien pro Portion: 210

Info

Wenn Sie keine kleinen, zarten Artischocken bekommen, nehmen Sie lieber Artischockenherzen aus der Dose, die allerdings zwischen Küchenpapier gut trockengedrückt werden müssen. Auf keinen Fall die großen, dicken Artischocken verwenden!

Variation

Gut im Frühjahr: Nehmen Sie statt der Artischocken frischen grünen Spargel. Dafür den unteren holzigen Teil abschneiden, die Stangen in etwa 4 cm lange Stücke schneiden und in kochendem Salzwasser etwa 6-8 Minuten blanchieren. Vor der Weiterverwendung gut abtropfen lassen!

Gebratene Kräuter-Oliven

Olive golose

Zu Brot und Wein einfach Klasse

Für 2 Personen

4 EL Olivenöl
125 g schwarze Oliven, entsteint
1 rote Zwiebel, gewürfelt
2 Knoblauchzehen, gewürfelt
1 TL Thymianblättchen
6 Salbeiblätter
einige Spritzer Zitronensaft
Pfeffer aus der Mühle

1 Olivenöl erhitzen. Die Oliven darin bei mäßiger Hitze 3-4 Minuten braten. Zwiebelwürfel und Knoblauch zufügen und weitere 2-3 Minuten braten.
2 Die Kräuter zufügen und kurz anschmoren. Etwas Zitronensaft darüber geben. Deckel drauf und noch ein paar Minuten bei kleinster Hitze ziehen lassen. Kräftig mit Pfeffer aus der Mühle würzen.

Zeit: 15 Minuten
Kalorien pro Portion: 315

Extra

Gut zum Knabbern und auch easy zu machen: Schwarze Oliven mit hauchdünn gehobelter Orangenschale, fein gehacktem Knoblauch, etwas getrocknetem Oregano und ein paar Tropfen gutem Olivenöl einige Tage einlegen. Schmeckt super!

Brotsalat

Panzanella

Spezialität aus der Toskana

Für 4 Personen

6 Scheiben altbackenes Weißbrot
4 Tomaten
½ kleine Salatgurke
2 Zwiebeln
2 Stangen Staudensellerie
3 EL Weißweinessig
Salz
Pfeffer aus der Mühle
6 EL Olivenöl
4 EL weiße Bohnen (aus der Dose)
10 schwarze Oliven
3 EL gehackte Petersilie
1 EL gehackte Minze

1 Die Brotscheiben in grobe Würfel schneiden und mit etwas Wasser beträufeln, so dass das Brot gut durchfeuchtet ist.
2 Die Tomaten achteln. Die Gurke schälen, halbieren und die Kernchen entfernen, dann die Gurke in Würfel schneiden. Die Zwiebeln würfeln, den Sellerie in Scheiben schneiden.
3 Essig mit Salz, Pfeffer und Olivenöl in einer großen Schüssel verrühren.
4 Das vorbereitete Gemüse, Bohnen, Oliven und die Brotwürfel zufügen und vorsichtig mischen. Den Salat 30 Minuten durchziehen lassen.
5 Nochmals mit Salz und Pfeffer abschmecken und die Kräuter darunter mischen.

Zeit: 30 Minuten
+ 30 Minuten zum Durchziehen
Kalorien pro Portion: 350

Variationen

Dieser Salat lässt der Fantasie freien Spielraum, denn Sie können das Gemüse beliebig durch andere Sorten (Möhren, Spargel, grüne Bohnen etc., die allerdings gegart werden müssen) ersetzen. Und für den großen Hunger: Eine Zugabe von Thunfisch und/oder hart gekochtem Ei ist zwar nicht ganz stilecht – aber trotzdem lecker!

Vitello tonnato

Super gut – zartes Kalbfleisch mit cremiger Thunfischsauce & Kapern

Für 4 Personen

1 Dose Thunfisch im eigenen Saft
2 hart gekochte Eigelb
2 Sardellenfilets
3 EL Kapern
1 EL Mayonnaise
2 EL Weißweinessig
4 EL Olivenöl
6-8 EL klare Fleischbrühe (Instant)
Salz
Pfeffer aus der Mühle
500 g gekochtes Kalbfleisch (aus der Nuss)

1 Thunfisch abtropfen lassen. Eigelb, Sardellenfilets, Thunfisch, 1 EL Kapern, Mayonnaise, Essig und Olivenöl in einem Mixer pürieren, dabei nach und nach die Brühe zugeben, so dass eine cremige Sauce entsteht. Mit Salz und Pfeffer abschmecken.
2 Das Kalbfleisch mit einem scharfen Messer in dünne Scheiben schneiden (geht auch gut mit dem elektrischen Messer oder mit der Aufschnittmaschine) und auf Tellern ausbreiten.
3 Mit der Thunfischsauce überziehen und mit den restlichen Kapern bestreuen.

Zeit: 15 Minuten
Kalorien pro Portion: 530

Tipp

Das Kalbfleisch in Wasser mit einem Schuss Weißwein, Lorbeer, Gewürznelke und Suppengrün etwa 1 Stunde garen. Am besten in der Brühe auskühlen lassen und erst dann aufschneiden.

Marinierte Auberginen

Melanzane marinate

Machen den Antipastiteller komplett

Für 4 Personen

2 Auberginen · Salz · 6 EL Olivenöl
1 Zwiebel, gewürfelt
2 Knoblauchzehen, gewürfelt
1 TL Thymianblättchen
½ TL Rosmarin, gehackt
8 EL gewürfelte Tomaten aus der Packung
1-2 EL Aceto Balsamico · Pfeffer

1 Die Auberginen in etwa ½ cm dicke Scheiben schneiden. Mit etwas Salz bestreuen. Die Scheiben übereinander legen und beschweren, dazu ein Brettchen darauf legen und darauf eine Konservendose stellen. Die Auberginen 30 Minuten durchziehen lassen.
2 Vier Esslöffel Olivenöl in einem Topf erhitzen. Zwiebelwürfel, Knoblauch und Kräuter darin andünsten. Die Tomaten zufügen und einige Minuten köcheln lassen. Mit Aceto Balsamico, Salz und Pfeffer abschmecken.
3 Die Auberginenscheiben kurz abspülen und gut trockentupfen. Eine Grillpfanne mit etwas von dem restlichen Olivenöl auspinseln. Die Auberginenscheiben darin nacheinander von beiden Seiten braten. Die Grillpfanne zwischendurch immer wieder mit Olivenöl auspinseln.
4 Die Auberginenscheiben mit der Tomatensauce bestreichen, übereinander in eine Schale schichten und abgedeckt 3-4 Stunden durchziehen lassen.

Zeit: 25 Minuten
+ 3-4 Stunden zum Durchziehen
Kalorien pro Portion: 180

Crostini mit Wacholderbutter

Das macht Eindruck!

Für 4 Personen

1 kleines Baguette
10 Wacholderbeeren
4 Pfefferkörner
½ TL abgeriebene Zitronenschale
½ Knoblauchzehe, gehackt
Salz
125 g weiche Butter
Pfeffer aus der Mühle
100 g italienischer gekochter Schinken, hauchdünn geschnitten

1 Den Backofen auf 220 °C vorheizen.
2 Das Baguette in Scheiben schneiden. Die Brotscheiben auf ein Backblech legen und in etwa 5 Minuten braun rösten, dabei einmal wenden. Auskühlen lassen.
3 Die Wacholderbeeren und die Pfefferkörner im Mörser fein zerstoßen. Zitronenschale, Knoblauch und etwas Salz zugeben und alles noch mal fein mörsern. Die Mischung mit der Butter vermengen. Falls nötig, mit Salz und Pfeffer abschmecken.
4 Die Baguettescheiben mit der Wacholderbutter bestreichen und mit Schinken belegen.

Zeit: 20 Minuten
Kalorien pro Portion: 390

Crostini mit Sardellen & Salbei

Genial für Schnell-Köche

Für 2 Personen

1 Knoblauchzehe
6 Scheiben Baguette
6 EL Olivenöl
12 Salbeiblätter
6 Sardellenfilets
Pfeffer aus der Mühle

1 Knoblauchzehe halbieren. Die Baguettescheiben damit einreiben. 4 EL Olivenöl erhitzen und das Baguette darin rösten.
2 Restliches Olivenöl erhitzen. Salbei sekundenschnell anbraten. Zusammen mit den Sardellen auf den Brotscheiben verteilen. Mit Pfeffer bestreut servieren.

Zeit: 10 Minuten
Kalorien pro Portion: 360

Marinierte Zwiebeln

Cipolle all'agrodolce

Einfach köstlich!

Für 4 Personen

500 g kleine Zwiebeln
2 EL Olivenöl · 1 EL Butter
2 TL brauner Zucker
6 EL Aceto Balsamico
4 EL Rotwein · Salz
Pfeffer aus der Mühle
1-2 EL gehackte Petersilie

1 Die Zwiebeln mit kochendem Wasser übergießen und 10 Minuten beiseite stellen. Anschließend pellen.
2 Olivenöl in einem weiten Topf erhitzen. Die Zwiebeln darin andünsten. Butter zufügen und schmelzen lassen. Mit Zucker überstreuen und die Zwiebeln leicht karamellisieren lassen.
3 Aceto und Wein angießen. Einen guten Schuss Wasser zugeben, Deckel drauf und die Zwiebeln etwa 10-15 Minuten bei schwacher Hitze garen. Mit Salz und Pfeffer würzen.
4 Am besten über Nacht durchziehen lassen.
5 Mit Petersilie bestreut servieren.

Zeit: 40 Minuten
+ etwa 12 Stunden zum Durchziehen
Kalorien pro Portion: 300

Orangensalat mit Rucola

Insalata di arance e rucola

Vereint Nord-Süd-Geschmack

Für 2 Personen

2 Saftorangen
1 rote Zwiebel
1 Hand voll Rucola (Rauke)
1 EL Aceto Balsamico
Salz
Pfeffer aus der Mühle
2 EL Olivenöl
4 Scheiben Fenchelsalami
10 schwarze Oliven

1 Die Orangen wie einen Apfel schälen, dabei die weiße Haut mit entfernen. Die Früchte in Scheiben schneiden und auf Tellern verteilen.
2 Die Zwiebel in hauchdünne Ringe schneiden und auf die Orangen geben.
3 Rucola abbrausen, trockenschütteln und zwischen Küchenpapier trockentupfen.
4 Aceto mit etwas Salz, Pfeffer und dem Olivenöl verrühren. Rucola damit marinieren.
5 Die Salamischeiben in Streifen schneiden und mit dem Rucola und den Oliven auf den Orangenscheiben anrichten.

Zeit: 15 Minuten
Kalorien pro Portion: 340

Sellerie mit Gorgonzolacreme

Sedano al gorgonzola

Knabberspass als Vorspeise

Für 4 Personen

1 Staudensellerie
2 EL Pinienkerne
100 g Gorgonzola
100 g Ricotta
100 g Mascarpone
etwas Milch
Salz
Pfeffer aus der Mühle

1 Den Staudensellerie putzen und in fingerlange Stücke schneiden.
2 Pinienkerne in einer Pfanne ohne Fett rösten. Anschließend grob hacken.
3 Gorgonzola mit einer Gabel zerdrücken. Nach und nach mit Ricotta und Mascarpone verrühren. Soviel Milch darunter rühren, dass eine geschmeidige Creme entsteht. Mit etwas Salz und Pfeffer würzen. Die Pinienkerne untermischen.
4 Sellerie auf einer Platte anrichten und die Käsecreme in Schüsselchen extra dazu reichen.

Zeit: 15 Minuten
Kalorien pro Portion: 285

Omelett mit Zuckerschoten

Frittata con le taccole

Auch als Hauptgericht für Zwei ...

Für 4 Personen

100 g Zuckerschoten · Salz
1 Bund Frühlingszwiebeln
4 Eier
Pfeffer aus der Mühle
2 EL Öl
8 frische Minzblättchen, fein geschnitten

1 Zuckerschoten in Salzwasser etwa 2-3 Minuten blanchieren. Abgießen, kalt abschrecken, gut abtropfen lassen.
2 Die Frühlingszwiebeln putzen und in feine Ringe schneiden.
3 Die Eier mit Salz und Pfeffer verquirlen.
4 Das Öl in einer beschichteten Pfanne erhitzen. Die Frühlingszwiebeln und die Zuckerschoten darin kurz andünsten. Minze zufügen.
5 Die Eier darüber gießen, Deckel auflegen und das Omelett bei kleiner Hitze 5-7 Minuten stocken lassen. Während der Garzeit die Pfanne hin und her rütteln, damit das Omelett nicht anhängt.
6 Das Omelett in Stücke schneiden und auf Tellern anrichten.

Zeit: 20 Minuten
Kalorien pro Portion: 200

Gratinierte Zucchiniblüten

Fiori di zucca al forno

Wie vom Spitzenkoch – aber easy selbst gemacht!

Für 2 Personen

3 EL Olivenöl
1 Zwiebel, gewürfelt
½ TL Thymianblättchen
2 EL Semmelbrösel
1 kleine Knoblauchzehe
100 g Ziegenfrischkäse
Salz · Pfeffer aus der Mühle
4 kleine Zucchini mit Blüten

1 Den Backofen auf 200 °C vorheizen.
2 2 EL Olivenöl erhitzen. Zwiebelwürfel, Thymian und Semmelbrösel darin andünsten. Knoblauch dazupressen. Die Mischung in eine Schüssel geben und mit dem Ziegenkäse vermengen. Mit Salz und Pfeffer abschmecken.
3 Die Zucchini abspülen und trockentupfen. Dann die Zucchiniblüten vorsichtig mit dem Ziegenkäse füllen und die Blütenspitzen zudrehen.
4 Eine feuerfeste Form mit dem restlichen Olivenöl auspinseln. Die Zucchini hineinlegen und etwa 15 Minuten gratinieren.

Zeit: 30 Minuten
Kalorien pro Portion: 200

Crostini mit Rucola-Pesto

Macht allein schon glücklich

Für 4 Personen

50 g Basilikum
100 g Rucola
50 g Pistazienkerne
50 g Parmesan
1 Knoblauchzehe
6 EL Olivenöl
etwas Zitronensaft
Salz
Pfeffer aus der Mühle
1 kleines Baguette

1 Den Backofen auf 220 °C vorheizen.
2 Basilikum von den Stielen zupfen. Rucola verlesen, grobe Stiele entfernen. Basilikum und Rucola grob zerschneiden.
3 Pistazien, Parmesan und Knoblauch etwas zerkleinern. Olivenöl und Zitronensaft in einen elektrischen Zerkleinerer geben. Die übrigen Zutaten zufügen und pürieren. Mit Salz und Pfeffer abschmecken.
4 Das Baguette in Scheiben schneiden und nebeneinander auf ein Backblech legen. Von beiden Seiten in etwa 5 Minuten braun rösten.
5 Aus dem Ofen nehmen, einen Moment abkühlen lassen und mit dem Rucola-Pesto bestreichen.

Zeit: 20 Minuten
Kalorien pro Portion: 395

Pasta, Pasta!
Einfach unwiderstehlich ...

Diese Vielfalt ...

Spaghetti, Makkaroni, Penne, Tagliatelle, Farfalle, Fusilli, Tortellini – kleine, dünne, lange, kurze, gerippte, gewellte, gedrehte und gefüllte Nudeln – wir lieben sie in jeder Form und in wechselnder Begleitung!

Das Sortiment

Getrocknete Nudeln Italienische „pasta secca“ wie z. B. Spaghetti, Ritgatoni, Penne, Fussili etc. wird aus Hartweizengrieß und Wasser hergestellt. Die diversen Formen entstehen, weil der Teig durch unterschiedliche Düsen gepresst wird.

Frische Nudeln, „pasta fresca“, werden aus Mehl und Ei hergestellt. Die Oberfläche ist glatter als die von industrieller Pasta. Im Norden Italiens liebt man besonders den vollen Geschmack von Tagliatelle und Pappardelle zu den dort üblichen kräftigen Saucen.

Aus dem Kühlregal Die frische Pasta ist wärme-, bzw. hitzevorbehandelt und vakuumverpackt. Sie hat eine begrenzte Haltbarkeit von mehreren Wochen bis zu 3 Monaten. Angeboten werden neben Ravioli und Tortellini auch Tagliatelle oder Gnocchi. Auf jeden Fall bis zum Verzehr im Kühlschrank lagern!

Nudeln selbst gemacht

Die Palette von Nudelsorten aus den Regalen ist riesig und gut. Wer dennoch Pasta selber machen möchte: Ärmel hochkrempeln und kneten!

Grundrezept Tagliatelle

(für 4 Personen):

300 g Mehl Type 405 auf die Arbeitsfläche schütten. In die Mitte eine Mulde drücken.
3 Eier, 1 EL Olivenöl und 1 TL Salz hineingeben und mit einer Gabel verrühren, dabei so viel Mehl untermischen, dass ein dicker Brei entsteht.
Das übrige Mehl unterkneten, dabei den Kloß mit dem Handballen immer wieder auseinander drücken und erneut zusammenkneten, bis der Teig glatt und elastisch ist.
In ein Tuch einschlagen und ca. 1 Stunde ruhen lassen.
Den Teig anschließend portionsweise hauchdünn ausrollen und dann in schmale Streifen schneiden.
An der Luft etwas trocknen lassen, in reichlich Salzwasser ca. 1-2 Minuten kochen – fertig.

Nudeln richtig kochen

– Nudeln müssen in **reichlich Wasser** schwimmen. Grundregel: mindestens 1 Liter Wasser pro 100 g Nudeln. Deshalb brauchen Sie einen großen Topf!
– Wasser zum Kochen bringen. Spaghetti und Makkaroni **gebündelt** ins kochende Wasser gleiten lassen, dabei von oben nach unten leicht nachdrücken. Kurze Nudeln auf einmal ins Wasser schütten.
– **Salz** (etwa 1 schwach gehäufter TL auf 1 Liter Wasser) hineingeben. Durch die Zugabe von Salz erreicht das Wasser wieder schneller seinen Siedepunkt.
– Nudeln **umrühren**, damit sie nicht zusammenkleben.
– Deckel auflegen bis das Wasser kocht, dann den Deckel etwas zurückschieben, so dass der Dampf entweichen kann. Das Wasser muss ständig **sprudelnd kochen**!
Ausnahme: Gefüllte Nudeln (Ravioli, Tortellini & Co.) und Gnocchi nur im fast kochenden Wasser ziehen lassen! Sie würden sonst leicht zerfallen ... Sie sind übrigens gar, wenn sie an der Oberfläche schwimmen – das dauert nur ein paar Minuten.

Die Garprobe

Nudeln sollen al dente sein, d. h. den richtigen Biss haben, deshalb finden Sie in unseren Rezepten auch keine Zeitangaben, da diese nicht nur für die einzelnen Sorten sondern auch von Hersteller zu Hersteller variieren. Zum Ende der Garzeit eine Nudel aus dem Wasser fischen und prüfen. Sie soll sich zwar weich anfühlen, beim Hineinbeißen aber eine gewisse Festigkeit aufweisen.

Gut zu wissen

Die Sauce kann auf die Pasta warten! Nicht umgekehrt!

Nudeln für Saucen oder Sugo nicht abschrecken, da sonst die Stärkebindung fehlt, die eine Sauce braucht, um an Nudeln zu haften.

Ein Schuss Öl im Kochwasser ist nicht nötig – eher von Nachteil, weil die Sauce durch den Ölfilm „abrutscht".

Welche Nudeln passen wozu?

Feine leichte Saucen sollten immer mit einer glatten, dünnen Nudel (Linguine, Bavette, Spaghettini) kombiniert werden.
Für deftigere Saucen sind Bandnudeln (Tagliatelle, Pappardelle und Fettuccine) ideal.
Hohlnudeln, dazu gehören Makkaroni, Penne und Rigatoni sowie andere kleine Nudelsorten mit Hohlräumen sind „saucenschlürfig".

Praktisches Küchengerät

Der **Durchschlag** ist zum Abgießen von Nudeln ideal, da er das schnelle Ablaufen des Kochwassers garantiert.
Der **Pastatopf mit Siebeinsatz** hat den Vorteil, dass die Nudeln nicht am Topfboden anhängen. Der Einsatz übernimmt gleichzeitig Siebfunktion.
Die **Pastazange** ist hilfreich für Spaghetti und Bandnudeln zum Auffüllen, da Sie damit Nudeln fest im Griff haben.

Dickmacher Nudel ?

Zu unrecht haftet Nudeln das Negativimage vom Dickmacher an. Fette Saucen, zu viel Sahne und übermäßig viel Käse machen sie zu Kalorienbomben – 100 g Nudeln (Rohgewicht) haben tatsächlich nur etwa 360 Kalorien.

Nudeln machen glücklich

Nicht nur weil sie so gut schmecken, sondern weil die Kohlenhydrate dazu beitragen, ein Glückshormon (Serotonin) zu produzieren, das sich positiv auf die Stimmung auswirkt. Das ist doch eine positive Nachricht – oder?

Es geht auch ohne Rezept:

Er kommt so schnell, wie ein Gewitter aus heiterem Himmel: Der Heißhunger auf Spaghetti. Also nichts wie ran, Wasser aufsetzen und in der Küche umschauen, welche Saucenzutaten vorrätig sind! Knoblauch fein hacken, in Olivenöl kurz andünsten, fertig: con aglio e olio – wie die Italiener sagen. Mit feingehackten Peperoncini wird's scharf – con aglio, olio e peperoncini. Sie haben noch ein paar Pinienkerne? Kurz anrösten und unter die Spaghetti mischen. Kapern und Sardellen: Auch gut – die machen Spaghetti wunderbar pikant. Eine Dose Tomaten? Na prima! Die Tomaten ohne Flüssigkeit in Olivenöl kurz anschmoren, schmeckt solo oder beliebig mit den anderen Zutaten gemischt. Parmesan drüber plus ein paar frische Kräuter, das schmeckt so herrlich italienisch. Das Beste an diesen Zutaten aus dem Vorrat: Sie können alles wunderbar kombinieren!

Ein Blick genügt –
auf die nächsten beiden Seiten ...

Easy cooking auf einen Blick:

Ein Topf dampfender Spaghetti plus eine Simpel-Auswahl an typischen Produkten, die schlaue Italienköche immer zu Hause haben (sollten!). Das allein garantiert grenzenloses Pasta-Glück – molto buono!

INFORMATION

Spaghetti mit Tomaten-Pesto

Spaghetti al pesto rosso

Appetitmacher vom Titel

Für 2 Personen

4 getrocknete Tomaten
3 EL Olivenöl
1 Zwiebel, gewürfelt
2 TL Thymianblättchen
1-2 EL Kapern mit etwas Flüssigkeit aus dem Glas
Pfeffer aus der Mühle
Salz
250 g Spaghetti
2 EL frisch geriebener Parmesan

1 Wasser für die Spaghetti aufsetzen.
2 Die Tomaten sehr fein würfeln. Olivenöl in einem kleinen Topf erhitzen. Zwiebelwürfel, Tomaten und Thymian darin 5 Minuten andünsten.
3 Kapern mit etwas Flüssigkeit zugeben. Mit Pfeffer und wenig Salz (der Parmesan kommt ja später noch dazu!) würzen. Zugedeckt bei milder Hitze einige Minuten ziehen lassen.
4 Spaghetti al dente kochen. Abgießen, abtropfen lassen und mit den Tomaten und dem Parmesan mischen.

Zeit: 15 Minuten
Kalorien pro Portion: 480

Spaghetti alla bolognese

Heiß geliebter Klassiker

Für 4 Personen

2 EL Olivenöl
2 EL gekochter Schinken, gewürfelt
400 g Rinderhackfleisch
2 Zwiebeln, gewürfelt
1 Pck. TK-Suppengrün
1 kleine Dose geschälte Tomaten
1 EL Tomatenmark · Salz
Pfeffer aus der Mühle
frisch geriebene Muskatnuss
500 g Spaghetti
4 EL frisch geriebener Parmesan

1 Das Olivenöl in einem tiefen Topf erhitzen. Den Würfelschinken und das Hackfleisch darin anbraten, dabei das Hackfleisch mit dem Kochlöffel zerteilen. Zwiebeln und Suppengrün zufügen und mitschmoren.
2 Die Dosentomaten mit der Flüssigkeit zugeben. Die Tomaten mit dem Kochlöffel zerdrücken. Im offenen Topf bei mittlerer Hitze 20-30 Minuten vor sich hinköcheln lassen, bis die Sauce eine sämige Konsistenz hat. Öfter mal umrühren, damit nichts anhängt.
3 Wasser für die Spaghetti aufsetzen.
4 Das Tomatenmark in die Sauce einrühren. Mit Salz, Pfeffer (wer möchte nimmt scharfen Cayennepfeffer!) und Muskat abschmecken. Die Sauce bei milder Hitze auf der Kochstelle lassen, bis die Spaghetti fertig sind.
5 Die Spaghetti al dente kochen, abgießen und abtropfen lassen.
6 Zusammen mit der Hackfleischsauce anrichten und den Parmesan dazu reichen.

Zeit: 45 Minuten
Kalorien pro Portion: 590

Tipps

Hackfleischsauce lässt sich prima einfrieren. Empfehlenswert, gleich die doppelte Menge zu kochen und portionsweise einzufrieren.
Die Sauce können Sie auch für eine Lasagne verwenden.

Extras

Mit einer Dose weißer Bohnen wird aus der Sauce im Nu ein toller Eintopf, den Sie mit Oregano oder Majoran würzen können.
Oder einfach mit kurzen Nudeln (Penne oder Rigatoni) als Auflauf mit Käse überbacken.

Penne
mit Räucherforelle

Penne con trota affumicata

Extravagant mit Fenchel

Für 2 Personen

1 Bund Frühlingszwiebeln
2 EL Olivenöl
2 EL Anisschnaps
4 EL Crème fraîche
1 kleine Fenchelknolle
250 g Penne (oder kurze Makkaroni)
Salz
1 geräuchertes Forellenfilet
etwas Zitronensaft
Pfeffer aus der Mühle · 1 Prise Zucker

1 Frühlingszwiebeln putzen und fein schneiden.
2 Olivenöl in einer Pfanne erhitzen. Die Frühlingszwiebeln darin andünsten. Anisschnaps zugeben und Crème fraîche einrühren. Unter Rühren 1-2 Minuten köcheln lassen. Auf Stufe 1 auf der Kochstelle warm halten.
2 Salzwasser für die Penne aufsetzen.
3 Fenchel in sehr feine Streifen schneiden. Zusammen mit den Penne in das Wasser geben und al dente kochen.
4 Das Forellenfilet zerpflücken und in der Sauce erhitzen. Mit Zitronensaft, Salz, Pfeffer und Zucker abschmecken.
5 Die Nudeln abgießen, abtropfen lassen und die Sauce darüber geben.

Zeit: 20 Minuten
Kalorien pro Portion: 480

Tipp

Frisches Fenchelgrün hacken und über die Pasta streuen.

Tagliatelle
mit Spargelsauce

Tagliatelle con sugo d'asparagi

Pasta-Glück in grün/weiß

Für 2 Personen

250 g grüner Spargel
Salz
2 EL Olivenöl
1 Zwiebel, gewürfelt
1 Knoblauchzehe
1 Becher Schlagsahne
einige Spritzer Weißwein
Pfeffer aus der Mühle
250 g Tagliatelle
1 EL gehackte Petersilie
2 EL frisch geriebener Parmesan

1 Die unteren Enden der Spargelstangen abschneiden und wegwerfen. Die Spargelköpfe abschneiden und in Salzwasser 1 Minute blanchieren, dann kalt abschrecken und abtropfen lassen.
2 Die Spargelstangen in Stückchen schneiden.
3 Olivenöl erhitzen. Spargel und Zwiebelwürfel darin andünsten. Die Knoblauchzehe dazupressen und die Sahne angießen. Deckel drauf und alles 10 Minuten köcheln lassen.
4 Wasser für die Tagliatelle aufsetzen.
5 Spargel in der Sahne pürieren. Mit Weißwein, Salz und Pfeffer abschmecken. Die Spargelköpfe in die Sauce geben. Die Sauce warm halten.
6 Tagliatelle al dente kochen, abgießen und abtropfen lassen. Mit der Spargelsauce anrichten und mit Petersilie bestreuen. Parmesan extra dazu reichen.

Zeit: 30 Minuten
Kalorien pro Portion: 620

Variation

Wer auf die Sahnesauce verzichten muss oder möchte, dünstet den fein geschnittenen Spargel in Olivenöl mit Zwiebeln und Knoblauch an. Die Pasta dazu – fertig!

Bunte Penne
mit Champignons

Das Auge isst mit ...

Für 4 Personen

200 g Champignons
½ Bund Thymian
1 Bund Frühlingszwiebeln
500 g Penne (z.B. Tricolori, rot, grün und weiß)
Salz
2 EL Olivenöl
Pfeffer aus der Mühle

1 Wasser für die Penne aufsetzen.
2 Champignons säubern und je nach Größe halbieren oder vierteln. Thymianblättchen von den Stielen streifen. Frühlingszwiebeln putzen und fein schneiden.
3 Penne in reichlich Salzwasser al dente kochen.
4 Inzwischen Olivenöl in einer Pfanne erhitzen. Champignons und Thymian darin kräftig anbraten. Frühlingszwiebeln zufügen und 1 Minute mitbraten. Mit Salz und Pfeffer würzen.
5 Penne abgießen, abtropfen lassen und mit den Champignons mischen. Sofort servieren.

Zeit: 25 Minuten
Kalorien pro Portion: 530

Variationen

Gibt's frische Waldpilze, tauschen Sie die Champignons gegen Pfifferlinge, Maronen oder die sehr feinen Steinpilze aus.
Statt Thymian passt sowohl Petersilie als auch ein Spur frische Minze gut zu Pilzen.
Wenn Sie es etwas deftiger mögen, können Sie die Pilze auch mit etwas durchwachsenem Speck anbraten.
Wer möchte, serviert die Pasta mit frisch geriebenem Parmesan.

Trendy

Einige Tropfen Anisschnaps oder Aceto balsamico verleihen den Pilzen ein besonders raffiniertes Aroma ...

Spaghetti
al limone

Einfach Klasse!

Für 2 Personen

1 Zitrone (unbehandelt)
2 EL Olivenöl
3 EL frisch geriebener Parmesan
250 g Spaghetti
Salz
Pfeffer aus der Mühle
einige Basilikumblättchen

1 Wasser für die Spaghetti aufsetzen.
2 Zitronenschale abreiben. Zitrone auspressen. Zitronensaft mit -schale, Olivenöl und Parmesan verrühren.
3 Die Spaghetti al dente kochen. Abgießen und abtropfen lassen.
4 Mit der Zitronensauce mischen, mit Pfeffer würzen und mit Basilikumblättchen bestreut servieren.

Zeit: 15 Minuten
Kalorien pro Portion: 350

Variationen

Ist noch ein bisschen Räucherlachs übrig geblieben? Gut! In feinen Streifen unter die Zitronensauce mischen. Schmeckt super!
Statt Basilikum mal eine kleine Hand voll fein geschnittene Rauke untermischen.
Sie haben noch Erbsen im Tiefkühler? Na fein! Die letzten 2 Minuten mit ins Spaghetti-Kochwasser werfen.

Spaghetti alla carbonara

Nichts für den kleinen Hunger ...

Für 2 Personen

50 g magerer, durchwachsener Speck
2 EL Olivenöl
3 Eier
3 EL Schlagsahne
50 g frisch geriebener Parmesan
250 g Spaghetti
Salz · Pfeffer aus der Mühle
1 Knoblauchzehe

1 Den Speck sehr fein würfeln. Olivenöl in einer großen tiefen Pfanne erhitzen. Den Speck darin gemächlich bei mittlerer Hitze auslassen.
2 Wasser für die Spaghetti aufsetzen.
3 Die Eier mit Sahne verquirlen. Parmesan darunter rühren. Mit einer Prise Salz und Pfeffer würzen.
4 Die Spaghetti al dente kochen. Abgießen und abtropfen lassen.
5 Knoblauch zum Speck pressen und die Spaghetti in die Pfanne schütten. Im Speckfett gründlich wenden. Dann die Pfanne von der Kochstelle nehmen. Die Eier hineingießen und schnell unter die Spaghetti mischen. Die Eier dürfen nicht stocken, es soll eine cremige Sauce entstehen! Mit frisch gemahlenem Pfeffer bestreut servieren.

Zeit: 30 Minuten
Kalorien pro Portion: 755

Nudeln mit Linsen

Pasta e lenticchie

Kräftig-deftig – super!

Für 4 Personen

4 EL Olivenöl
2 EL fein roher Schinken, gewürfelt
2 Zwiebeln, gewürfelt
2 Stangen Staudensellerie
2 Knoblauchzehen
250 g Linsen
1 Peperoncino
150 g Spaghetti oder kurze Gabelspaghetti
1/8 l Weißwein
Salz · Pfeffer aus der Mühle

1 Drei Esslöffel Olivenöl in einem großen Topf erhitzen. Schinkenwürfel und Zwiebeln darin anbraten.
2 Staudensellerie in feine Scheibchen schneiden. Zufügen und kurz andünsten. Knoblauch dazupressen. Die Linsen und den Peperoncino (im ganzen, das gibt dann nur eine leichte Schärfe!) zufügen und unterrühren.
3 Gut 1 l Wasser angießen. Deckel auflegen und 30 Minuten kochen, bis die Linsen fast weich sind.
4 Spaghetti in kleine Stücke brechen. Weißwein zu den Linsen gießen. Die Linsen müssen sehr suppig sein, da die Spaghetti mitgegart werden, ansonsten noch etwas Wasser angießen.
5 Spaghetti zugeben und al dente kochen. Mit Salz und Pfeffer kräftig abschmecken.

Zeit: 45 Minuten
Kalorien pro Portion: 355

Tortellini al gorgonzola

Würzig, sahnig – molto buono!

Für 2 Personen

1 Becher Schlagsahne · 100 g Gorgonzola
400 g Tortellini, aus dem Kühlregal oder frisch gekauft
Salz · Pfeffer aus der Mühle
1 EL Schnittlauchröllchen

1 Die Sahne in einen Topf gießen. Gorgonzola zerbröckeln und zufügen. Bei mittlerer Hitze cremig einkochen lassen, dabei ab und zu umrühren.
2 Wasser für die Tortellini aufsetzen. Tortellini nach Anweisung kochen. Das dauert bei frischen Pasta oft nur 3 Minuten!
3 Sauce mit reichlich Pfeffer und wenig nötig noch mit etwas Salz abschmecken.
4 Tortellini abgießen und abtropfen lassen. Mit der Gorgonzolasauce anrichten und mit Schnittlauch bestreuen.

Zeit: 20 Minuten
Kalorien pro Portion: 800

Gratinierte Penne

Penne al prosciutto gratinate

Goldbraun – goldrichtig

Für 4 Personen

400 g Penne
Salz
150 g gekochter Schinken
2 EL Olivenöl
1 Zwiebel, gewürfelt
2 Knoblauchzehen
2 TL gehackter Oregano
250 g gewürfelte Tomaten (aus der Packung)
100 g TK-Erbsen
150 g frisch geriebener Parmesan
2 EL Butter

1 Penne in Salzwasser al dente kochen. Abgießen und gut abtropfen lassen.
2 Schinken würfeln. Olivenöl erhitzen und die Zwiebelwürfel darin andünsten. Knoblauch dazupressen und den Oregano zufügen. Kurz weiter dünsten. Tomaten und Erbsen darunter mischen.
3 Den Backofen auf 200 °C vorheizen.
4 Penne mit der Tomatensauce und den Schinkenwürfeln in eine gefettete Auflaufform schichten, dabei zwischendurch mit Parmesan bestreuen. Obenauf nochmals dick Parmesan streuen. Butterflöckchen darauf verteilen.
5 Ab in den Ofen damit und 30 Minuten goldbraun backen.

Zeit: 20 Minuten
+ Backzeit: 30 Minuten
Kalorien pro Portion: 460

Spaghetti all'amatriciana

Feurig, scharf, simpel – mit Speck und Tomaten

Für 4 Personen

1 kleine Dose geschälte Tomaten
150 g durchwachsener, magerer Speck
1-2 Peperoncini
2 EL Olivenöl
1 Zwiebel, gewürfelt
Salz · Pfeffer aus der Mühle
500 g Spaghetti
50 g frisch geriebener Parmesan

1 Die Tomaten auf ein Sieb geben und abtropfen lassen. Den Speck fein würfeln. Die Peperoncini aufschlitzen und die weißen Kernchen entfernen. Peperoncini fein würfeln.
2 Schon mal das Wasser für die Spaghetti aufsetzen.
3 Olivenöl in einem Topf erhitzen. Speck und Zwiebelwürfel darin bei mittlerer Hitze anbraten. Peperoncini und Tomaten zufügen. Die Tomaten mit einem Kochlöffel zerdrücken. Bei kleiner Hitze solange köcheln lassen, bis die Spaghetti fertig sind. Ab und zu umrühren nicht vergessen. Mit Salz und Pfeffer abschmecken.
4 Die Spaghetti al dente kochen.
6 Die Spaghetti abgießen, abtropfen lassen und mit der Tomatensauce mischen. Mit Parmesan bestreut servieren.

Zeit: 30 Minuten
Kalorien pro Portion: 540

Linguine mit Zuckerschoten

Linguine con le taccole

Schmeckt nach Frühling!

Für 2 Personen

100 g Zuckerschoten
2 EL Olivenöl
1 Zwiebel, gewürfelt
250 g Linguine
Salz · Pfeffer aus der Mühle
2 EL frisch geriebener Parmesan
1 EL gehackte Petersilie

1 Wasser für die Linguine aufsetzen.
2 Die Zuckerschoten fein schneiden. Olivenöl in einer Pfanne erhitzen. Zuckerschoten und Zwiebelwürfel darin 2-3 Minuten andünsten.
3 Inzwischen Linguine al dente kochen, abgießen und abtropfen lassen.
4 Zuckerschoten mit einer Prise Salz und Pfeffer würzen, mit den Linguine mischen. Mit Parmesan und Petersilie bestreut anrichten.

Zeit: 15 Minuten
Kalorien pro Portion: 320

Spaghetti alle vongole

Meer-Genuss vom Feinsten

Für 2 Personen

300 g Venusmuscheln
Salz
250 g Spaghetti
100 g Kirschtomaten
4 EL Olivenöl
1 Zwiebel, gewürfelt
1 Knoblauchzehe
einige Spritzer Weißwein
Pfeffer aus der Mühle
2 EL gehackte Petersilie

1 Wasser für die Spaghetti aufsetzen.
2 Die Venusmuscheln gründlich abspülen. Bereits geöffnete Muscheln wegwerfen. Die Muscheln in wenig siedendem Salzwasser ca. 5 Minuten garen.
3 Die Spaghetti al dente kochen, abgießen und abtropfen lassen.
4 Die Tomaten halbieren.
5 Olivenöl im Spaghetti-Topf oder einer tiefen Pfanne erhitzen. Die Zwiebelwürfel darin andünsten. Knoblauch dazupressen. Spaghetti, Muscheln (geschlossene Muscheln wegwerfen, auf keinen Fall gewaltsam öffnen) und Tomaten zufügen und gut durchmischen.
6 Mit einigen Spritzern Weißwein, Pfeffer und wenig Salz abschmecken. Mit Petersilie bestreut servieren.

Zeit: 30 Minuten
Kalorien pro Portion: 465

Info

Wer keine frischen Venusmuscheln bekommt, kann auch tiefgefrorene oder Muscheln aus dem Glas nehmen. Alternativ gehen natürlich auch Miesmuscheln.

Tagliatelle in Pilzsauce

Tagliatelle ai funghi

Schnell gemacht nach Feierabend

Für 2 Personen

250 g Champignons
50 g Parmaschinken, diesmal etwas dicker schneiden lassen
2 EL Butter
1 Knoblauchzehe
einige Spritzer Zitronensaft
1 Becher Schlagsahne
je 125 g grüne und weiße Tagliatelle
Salz
Pfeffer aus der Mühle
einige Basilikumblättchen

1 Als erstes Wasser für die Tagliatelle aufsetzen.
2 Die Champignons putzen und in Scheiben schneiden, den Parmaschinken in Streifen.
3 Die Butter in einer Pfanne erhitzen und die Champignons darin anbraten. Den Parmaschinken zugeben und kurz mit anbraten. Knoblauch dazupressen und Zitronensaft darüber träufeln. Die Sahne angießen und cremig einkochen lassen, mit Salz und Pfeffer abschmecken.
4 Tagliatelle al dente kochen, abgießen und abtropfen lassen.
5 Mit der Pilzsauce mischen und mit Basilikumblättchen bestreuen.

Zeit: 20 Minuten
Kalorien pro Portion: 590

Tipp

Wenn im Spätsommer die ersten Pfifferlinge und Steinpilze auf den Markt kommen, sollten Sie statt der „saisonlosen“ Champignons unbedingt die kurze Zeit der frischen Waldpilze nutzen. Mit Pfifferlingen mindestens doppelt so gut, mit Steinpilzen sensationell ...

Tortellini in Zitronen-Sahne-Sauce

Tortellini al panna e limone

Mit den besten Freunden essen!

Für 4 Personen

1 Zitrone (unbehandelt)
2 EL Butter
1 Knoblauchzehe
2 EL Mehl
200 ml Gemüsebrühe (Instant)
1 Becher Schlagsahne
150 ml Weißwein
Salz
Pfeffer aus der Mühle
1 Prise Zucker
je 250 g grüne und weiße Tortellini (frisch oder aus dem Kühlregal)
2 EL frisch geriebener Parmesan

1 Die Zitronenschale abreiben oder hauchdünn abschälen und sehr fein hacken. Zitrone auspressen.
2 Die Butter in einem Topf erhitzen. Den Knoblauch dazupressen und kurz andünsten. Das Mehl und die Hälfte Zitronenschale kurz darin anschwitzen. Unter Rühren die Brühe und die Sahne angießen. Zum Kochen bringen, dann den Wein angießen und erneut aufkochen.
3 Jetzt schon mal das Wasser für die Tortellini aufsetzen.
4 Die Sauce einige Minuten köcheln lassen. Mit Zitronensaft, Salz, Pfeffer und Zucker abschmecken. Die Sauce warm halten, aber darauf achten, dass sie nicht mehr kocht!
5 Die Tortellini kochen (frische Pasta braucht nur ein paar Minuten!).
6 Die Nudeln abgießen, abtropfen lassen und mit der Zitronensauce anrichten. Mit der übrigen Zitronenschale und dem Parmesan bestreut anrichten.

Zeit: 25 Minuten
Kalorien pro Portion: 480

Info

Die Kombination von Sahne und Zitronensaft schmeckt zwar göttlich – aber bei der Zubereitung heißt es aufpassen: Sobald der Zitronensaft in die Sahne gerührt wird, darf die Sauce nicht mehr kochen! Sonst gerinnt sie... Wer einen Zestenreißer hat, hat's gut! Damit lassen sich spielend feine Streifen von der Zitronenschale abziehen!

Spaghetti alla puttanesca

Sündhaft gut – mit Kapern und Oliven!

Für 2 Personen

50 g schwarze Oliven, entsteint
1-2 Sardellenfilets
1-2 Knoblauchzehen
1 Peperoncino
4 EL Olivenöl
2 Tassen gehäutete, gewürfelte Tomaten (von 500 g)
250 g Spaghetti
Salz
1 EL Tomatenmark
1 EL Kapern
Pfeffer aus der Mühle
1 EL gehackte Petersilie

1 Die Oliven, Sardellenfilets und den Knoblauch fein hacken. Den Peperoncino aufschlitzen, die Kernchen entfernen und die Schote fein schneiden.
2 Olivenöl in einem Topf erhitzen. Knoblauch und Peperoncino darin kurz andünsten. Die Tomaten zufügen. Sardellen einrühren. Alles bei mäßiger Hitze 10-15 Minuten dünsten, dabei ab und zu umrühren.
3 Spaghetti al dente kochen.
4 Tomatenmark in die Sauce einrühren. Kapern und Oliven zufügen und vorsichtig mit Salz und Pfeffer abschmecken.
5 Die Spaghetti abgießen, abtropfen lassen und mit der Sauce mischen. Mit Petersilie bestreut servieren.

Zeit: 30 Minuten
Kalorien pro Portion: 520

Tipp

Die Sauce vor dem Würzen schon einmal probieren ... Sardellen, Oliven und Kapern geben ohnehin schon einen kräftigen Geschmack!

Spaghetti mit Paprika

Spaghetti arlecchino

Bunter Mix macht Laune

Für 4 Personen

3 Paprikaschoten (am besten rot, grün und gelb, weil Farben fröhlich stimmen)
4 EL Olivenöl
2 EL gewürfelter, roher Schinken
1 Zwiebel, gewürfelt
1 Knoblauchzehe
2-3 kleine Zweige Rosmarin
500 g Spaghetti
Salz
Pfeffer aus der Mühle

1 Die Paprikaschoten in feine Streifen schneiden.
2 Wasser zum Kochen der Spaghetti aufsetzen.
3 Olivenöl in einer Pfanne erhitzen. Schinken und Zwiebelwürfel darin anbraten. Den Knoblauch dazupressen. Rosmarin und Paprikastreifen zufügen und bei mittlerer Hitze etwa 5 Minuten braten.
4 Spaghetti al dente kochen, abgießen und abtropfen lassen.
5 Das Paprikagemüse mit Salz und Pfeffer abschmecken. Spaghetti untermischen und sofort servieren.

Zeit: 20 Minuten
Kalorien pro Portion: 290

Variationen

Schmeckt besonders würzig, wenn Sie unter das Paprikagemüse zum Schluss 3-4 EL grob geriebenen Parmesan mischen. Einige Sekunden mit in der Pfanne erhitzen. Dann erst unter die Pasta mischen. In diesem Fall bitte sparsam mit Salz würzen.
Bleibt ein Rest, können Sie ihn am nächsten Tag mit frischem Gemüse, wie z. B. Zucchini oder Tomaten, aufpeppen und mit Mozzarellascheiben überbacken.

Lasagne alla napoletana

Sonnengereifte Tomaten – so schmeckt es in Neapel!

Für 6 Personen

4 EL Olivenöl
2 Zwiebeln, gewürfelt
2 Knoblauchzehen, gewürfelt
1 große Dose geschälte Tomaten
500 g Ricotta
50 g frisch geriebener Parmesan
Salz
Pfeffer aus der Mühle
200 g Mozzarella
1 Packung (250 g) Lasagneblätter
1 Bund Basilikum

1 Das Olivenöl in einem hohen Topf erhitzen. Zwiebeln und Knoblauch darin goldgelb anbraten. Tomaten aus der Dose dazugeben. Die Tomaten mit dem Kochlöffel zerdrücken. Alles 15-20 Minuten bei kräftiger Hitze im offenen Topf einkochen lassen. Ab und zu umrühren.
2 Ricotta und Parmesan verrühren. Mit Salz und Pfeffer würzen.
3 Den Mozzarella in dünne Scheiben schneiden.
4 Die Tomatensauce mit Salz und Pfeffer abschmecken. Mit einem Schneebesen kräftig durchrühren – sie soll schön sämig sein. Ist sie zu dünn, noch etwas einkochen lassen.
5 Den Backofen auf 200 °C vorheizen.
6 Eine ausgebutterte Auflaufform mit Lasagneblättern auslegen. ¼ der Tomatensauce darauf streichen. Einige Basilikumblätter darauflegen. Darauf Lasagneblätter, dann ⅓ der Ricottacreme, wieder Lasagneblätter, darauf ⅓ der Mozzarellascheiben. Den Vorgang wiederholen.
7 Auf die letzte Lasagneschicht die übrige Tomatensauce und einige Basilikumblätter geben.
8 Die Lasagne im Ofen etwa 30 Minuten backen.

Zeit: 30 Minuten
+ Backzeit: 30 Minuten
Kalorien pro Portion: 390

Kräuter-Pasta

Tagliatelle alle erbe aromatiche

Super-easy!

Für 2 Personen

250 g Tagliatelle
Salz
4 EL Olivenöl
1 Knoblauchzehe
4 EL gemischte, fein geschnittene Kräuter (beliebig Petersilie, Basilikum, Kerbel, Schnittlauch, Kresse)
1 paar schwarze Oliven
Pfeffer aus der Mühle
2 EL frisch geriebener Parmesan

1 Tagliatelle al dente kochen.
2 Olivenöl erhitzen. Knoblauch hineinpressen und hell braten. Über die Kräuter gießen, Oliven untermischen.
3 Tagliatelle abgießen und abtropfen lassen. Mit den Kräutern mischen. Mit etwas Salz und einigen Umdrehungen der Pfeffermühle würzen. Mit Parmesan bestreut servieren.

Zeit: 15 Minuten
Kalorien pro Portion: 415

Variation

Falls Sie gerade ein paar frische oder TK-Erbsen haben: Gut! Mischen Sie die gekochten Erbsen unter die Pasta – sie harmonieren allerbestens mit den Kräutern!

Spaghetti mit Olivenpaste

Spaghetti al caviale d´olive

Geht ganz fix

Für 4 Personen

10 EL Olivenöl
3 Knoblauchzehen, gewürfelt
150 g schwarze Oliven, entsteint
1-2 Sardellenfilets
Salz · Pfeffer aus der Mühle
500 g Spaghetti

1 Die Hälfte des Olivenöls erhitzen und den Knoblauch darin andünsten. Er darf nicht zu dunkel werden. Das Öl durchsieben.
2 Die Oliven und die Sardellen grob zerkleinern. Zusammen mit dem Knoblauchöl und dem restlichen Olivenöl im Mixer zu einer Paste pürieren. Sollte die Paste zu fest sein, noch etwas Olivenöl zugeben – oder später mit Nudelkochwasser schlanker rühren. Mit Salz und Pfeffer abschmecken.
3 Spaghetti al dente kochen, abgießen und abtropfen lassen. Mit der Olivenpaste mischen.

Zeit: 20 Minuten
Kalorien pro Portion: 530

Tipp

Der Mixer ist eine moderne Hilfe. Wer Zeit hat, bereitet die Paste in einem großen schweren Mörser zu: Auf klassisch italienische Art.

Fettuccine mit Walnüssen

Fettuccine alle noci

Lust auf Neues?

Für 2 Personen

250 g Fettuccine
Salz
6 EL Olivenöl
1 Knoblauchzehe
3 EL Walnusskerne, gehackt
1-2 EL Semmelbrösel
Pfeffer aus der Mühle
2 EL gehackte Petersilie

1 Die Fettuccine al dente kochen.
2 Olivenöl erhitzen. Den Knoblauch in Scheiben schneiden. Walnüsse, Knoblauch und Semmelbrösel bei mittlerer Hitze leicht bräunen. Mit einer Prise Salz und etwas Pfeffer würzen.
3 Fettuccine abgießen, abtropfen lassen und die Walnuss-Mischung darunter mengen. Mit Petersilie bestreut servieren.

Zeit: 15 Minuten
Kalorien pro Portion: 570

Variation

Sie können die Pasta auch mit den feineren Pinienkernen zubereiten. Wer dann noch ein paar frisch gehackte Pistazien darunter mischt, wird als Spitzenkoch gefeiert!

Tagliatelle mit Lachstatar

Tagliatelle con salmone alla tartara

Für einen besonderen Anlass

Für 2 Personen

150 g frisches Lachsfilet
4 EL feine Gurkenwürfel (von geschälter, entkernter Gurke)
2 TL Kapern
einige Spritzer Zitronensaft
Salz
Pfeffer aus der Mühle
250 g Tagliatelle
2 EL Olivenöl

1 Als erstes Wasser für die Tagliatelle aufsetzen.
2 Lachsfilet fein würfeln. Mit Gurke, Kapern und einigen Spritzern Zitronensaft mischen. Mit etwas Salz und 3-4 Umdrehungen aus der Pfeffermühle würzen.
3 Tagliatelle al dente kochen. Abgießen und abtropfen lassen.
4 Olivenöl in den Topf geben. Tagliatelle und Lachstatar zufügen und mischen. Falls nötig noch einmal abschmecken. Sofort servieren.

Zeit: 20 Minuten
Kalorien pro Portion: 350

Spaghetti mit Petersilien-Pesto

Spaghetti in salsa verde

Unbedingt probieren – die Alternative zu Basilikum!

Für 4 Personen

2 EL Pinienkerne
2 Bund glatte Petersilie
6 EL Olivenöl
4-8 EL Gemüsebrühe (Instant)
Salz
Pfeffer aus der Mühle
500 g Spaghetti
2 Knoblauchzehen

1 Die Pinienkerne in einer Pfanne ohne Fett rösten. Die Petersilienblättchen von den Stielen zupfen und grob hacken.
2 Wasser für die Spaghetti aufsetzen.
3 5 EL Olivenöl und erst mal nur 4 EL Brühe, Petersilie und 1 EL Pinienkerne in einen Mixer geben und zu einem feinen Pesto pürieren. Eventuell noch etwas Brühe zufügen. Mit Salz und Pfeffer abschmecken.
4 Spaghetti al dente kochen.
5 Knoblauch fein würfeln und im restlichen heißen Olivenöl leicht anbraten.
6 Spaghetti abgießen und abtropfen lassen. Mit Pesto, Knoblauch und den übrigen Pinienkernen mischen.

Zeit: 30 Minuten
Kalorien pro Person: 350

Pasta mit Brokkoli

Pasta alla pugliese

Ganz schön scharf – Spezialität aus Apulien

Für 2 Personen

250 g Penne oder Oricchiette · Salz
1 große Tasse Brokkoliröschen
2-4 Sardellenfilets · 2 Knoblauchzehen
4 EL Olivenöl
½ - 1 TL getrocknete, geschrotete Peperoncini
Pfeffer aus der Mühle

1 Nudeln al dente kochen. Die Zeit richtet sich nach der Angabe auf der Packung! In den letzten 5 Minuten die Brokkoliröschen mit ins Nudelkochwasser geben. Darauf achten, dass das Wasser gleich wieder sprudelnd kocht.
2 Inzwischen Sardellenfilets fein schneiden. Knoblauch in Scheibchen schneiden.
3 Penne und Brokkoli abgießen und abtropfen lassen.
4 Olivenöl in den Topf geben und erhitzen. Knoblauch, Sardellen und Peperoncini zufügen und kurz andünsten. Penne mit dem Brokkoli wieder in den Topf geben und kurz durchschwenken. Mit Pfeffer und etwas Salz abschmecken.

Zeit: 15 Minuten
Kalorien pro Portion: 380

Gratinierte Pasta mit Spinat

Pasta al forno con spinaci

Wirklich super!

Für 4 Personen

400 g Rigatoni
Salz
6 EL Olivenöl
2 Zwiebel, gewürfelt
1 Knoblauchzehe
750 g Blattspinat, geputzt
2 feste Tomaten
200 g Mozzarella
4 EL Semmelbrösel
Pfeffer aus der Mühle

1 Die Rigatoni al dente kochen, abgießen und abtropfen lassen.
2 2 EL Olivenöl im Topf vom Nudelkochen (der hat gleich die richtige Größe!) erhitzen. Zwiebeln darin andünsten. Knoblauch dazupressen. Den Spinat hineingeben. Deckel drauf. Den Spinat 5 Minuten dünsten, dabei den Topf 1-2 mal von der Kochstelle nehmen und ruckartig schütteln, um den Spinat gleichmäßig zu verteilen.
3 Tomaten und Mozzarella in Scheiben schneiden. Restliches Olivenöl erhitzen und die Semmelbrösel darin leicht anrösten.
4 Den Spinat salzen und pfeffern und auf ein Sieb zum Abtropfen geben.
5 Den Backofen auf 200 °C vorheizen.
6 Die Semmelbrösel in eine Auflaufform geben. Darauf den Spinat verteilen. Mit den Tomatenscheiben und der Hälfte der Mozzarellascheiben belegen. Rigatoni darauf geben und mit den restlichen Mozzarellascheiben belegen.
7 Auflauf in den Ofen schieben und 25-30 Minuten backen.

Zeit: 30 Minuten
+ Backzeit: 25-30 Minuten
Kalorien pro Portion: 515

Spaghetti ai frutti di mare

Schmecken nach Meer ...

Für 4 Personen

4 EL Olivenöl
1-2 Knoblauchzehen
150 g rohe Scampi, mit oder ohne Schale
250 g Miesmuscheln (gesäubert)
1/8 l Fischfond
1 Schuss Weißwein
250 g Fischfilet (Schellfisch oder Kabeljau)
1 Tasse gehäutete, gewürfelte Tomaten (von 250 g)
500 g Spaghetti
Salz
Pfeffer aus der Mühle
2 EL gehackte Petersilie

1 Olivenöl in einem größeren Topf erhitzen. Den Knoblauch dazupressen und die Scampi darin einige Sekunden anbraten. Scampi aus dem Topf nehmen.
2 Wasser für die Spaghetti aufsetzen.
3 Die Miesmuscheln ins Knoblauchöl geben. Fischfond und Weißwein angießen. Deckel drauf und 5 Minuten dünsten.
4 Fischfilet in große Würfel schneiden. Die Muscheln aus dem Topf nehmen. Nun das Fischfilet und die Tomatenwürfel hineingeben und 3 Minuten dünsten.
5 Spaghetti al dente kochen.
6 Scampi und Muscheln zum Fischfilet geben. Kurz erhitzen. Mit Salz und Pfeffer abschmecken.
7 Spaghetti abgießen und abtropfen lassen. In den Fischtopf geben und mischen. Mit Petersilie bestreut servieren.

Zeit: 30 Minuten
Kalorien pro Portion: 480

Ravioli mit frischen Tomaten

Ravioli al pomodori freschi

Einer kauft Ravioli – der andere macht den Rest. OK?

Für 2 Personen

4 EL Olivenöl
1 Knoblauchzehe
2 große Fleischtomaten
1 Bund Basilikum
400 g Ravioli (frisch oder aus dem Kühlregal)
Salz · Pfeffer aus der Mühle

1 Die Tomaten häuten, vierteln, die Kernchen dabei entfernen. Das Fruchtfleisch in schmale Streifen schneiden. Basilikumblättchen ebenfalls fein schneiden.
2 Jetzt schon mal Wasser für die Ravioli aufsetzen.
3 Das Olivenöl in einer Pfanne erhitzen. Den Knoblauch dazupressen. Die Tomatenstreifen zugeben, kurz umrühren, salzen, pfeffern, Deckel drauf und die Pfanne vom Herd nehmen.
4 Die Ravioli kochen (frische Pasta braucht nur ein paar Minuten!), abgießen und abtropfen lassen.
5 Die Tomaten – falls nötig – noch einmal kurz erwärmen und über die Ravioli geben, Basilikumblättchen darüber streuen – Fertig!

Zeit: 20 Minuten
Kalorien pro Portion: 520

Tipp

Achten Sie darauf, dass die Tomaten sich im Öl nur erwärmen – ja nicht brutzeln lassen! Nur so behalten sie ihren unvergleichlich sommerlichen Geschmack.

Variationen

Wer mag, streut sich noch frisch geriebenen Parmesan darüber.
Auch gut: 1 kleine Aubergine fein würfeln, anbraten und dann erst die Tomaten zufügen. Mit Thymian würzen!

Gnocchi mit Salbeibutter

Gnocchi alla piemontese

Butterzart und salbeiwürzig

Für 2 Personen

400 g Gnocchi (Fertigprodukt, aus dem Kühlregal)
Salz
1 Bund Frühlingszwiebeln
4 EL Butter
8-10 frische Salbeiblätter
Pfeffer aus der Mühle
30 g frisch gehobelter Parmesan

1 Gnocchi in Salzwasser nach Packungsanweisung garen.
2 Frühlingszwiebeln putzen und in feine Ringe schneiden.
3 Butter in einer Pfanne erhitzen. Frühlingszwiebeln und Salbei darin kurz anbraten.
4 Gnocchi abgießen, abtropfen lassen und in der Salbeibutter schwenken. Mit etwas Salz und Pfeffer würzen und mit Parmesan bestreut servieren.

Zeit: 15 Minuten
Kalorien pro Portion: 540

Variante

Statt nur Salbei schmeckt auch eine Mischung aus frischen Mittelmeerkräutern wie Thymian, Rosmarin und Oregano. Sparsam verwenden, da die Kräuter sehr aromaintensiv sind.

Tipp

Haben Sie Lust, Gnocchi selbst zu machen? Ist wirklich ganz easy: 600 g mehlige Kartoffeln in der Schale kochen, abpellen und gut ausdampfen lassen. Die erkalteten Kartoffeln zerstampfen und mit 180 g Kartoffelmehl (notfalls tut's auch Weizenmehl), einem Ei und etwas Salz gründlich verkneten. Falls der Teig zu feucht ist, noch etwas Mehl zufügen. Den Teig kurz ruhen lassen, in mehrere Portionen teilen und aus jedem Teil mit bemehlten Händen eine Rolle von etwa 2 cm Durchmesser formen. Von den Rollen Stückchen von 2 cm Länge abschneiden und zu Kugeln rollen. Im kochenden Salzwasser ziehen lassen, bis sie an die Oberfläche steigen. Das war's – fertig! Reicht für 4 Personen.

Gnocchi mit Steinpilzen

Gnocchi ai porcini

Gönnen Sie sich mal was!

Für 2 Personen

400 g Gnocchi (Fertigprodukt, aus dem Kühlregal)
Salz
150 g Steinpilze · 2 EL Olivenöl
1 Knoblauchzehe
einige Spritzer Aceto Balsamico
Pfeffer aus der Mühle
2 EL Butter
1 kleine Hand voll feine Rauke
1 EL frisch gehobelter Parmesan

1 Gnocchi in Salzwasser nach Packungsanweisung garen.
2 Die Steinpilze säubern und in Scheiben schneiden. Olivenöl in einer Pfanne erhitzen. Die Steinpilze darin kurz anbraten, die Knoblauchzehe dazupressen. Mit Salz, einigen Spritzern Aceto Balsamico und Pfeffer würzen.
3 Gnocchi abgießen und abtropfen. Butter erhitzen, die Gnocchi mit den Raukeblättchen kurz darin schwenken. Mit etwas Salz und 2-3 Umdrehungen aus der Pfeffermühle würzen.
4 Die Steinpilze auf Tellern anrichten und die Gnocchi darauf geben. Mit Parmesan bestreuen.

Zeit: 15 Minuten
Kalorien pro Person: 520

Gnocchi gratiniert mit Gemüse

Gnocchi gratinati alle verdure

Super Verbindung

Für 2 Personen

1 rote Paprikaschote
1 Zucchini
1 große Zwiebel
4 EL Olivenöl
1 TL Thymianblättchen
1 Messerspitze geschrotete, getrocknete Peperoncini
Salz
Pfeffer aus der Mühle
400 g Gnocchi (Fertigprodukt, aus dem Kühlregal)
100 g Mozzarella
30 g frisch geriebener Parmesan
6 EL Schlagsahne

1 Paprikaschote vierteln, putzen und in größere Stücke, Zucchini in Scheiben schneiden. Zwiebel in Ringe schneiden.
2 Olivenöl in einer Pfanne erhitzen. Paprika, Zucchini und Zwiebeln darin bei starker Hitze 2-3 Minuten anbraten. In den letzten Sekunden Thymian und Peperoncini zugeben. Mit Salz und Pfeffer würzen.
3 Gnocchi in Salzwasser nach Packungsanweisung garen.
4 Mozzarella in Scheiben schneiden.
5 Den Backofen auf 220 °C vorheizen.
6 Gnocchi abgießen und abtropfen lassen. Mit dem Gemüse in eine gebutterte Auflaufform schichten, dabei die Mozzarellascheiben mit dazwischen legen.
8 Den Parmesan darüber streuen und mit der Sahne beträufeln.
7 Im Backofen 15 Minuten gratinieren.

Zeit: 25 Minuten
+ Backzeit: 15 Minuten
Kalorien pro Portion: 710

Tipp

Gibt es im Kühlschrank noch Reste von einer Gemüsebeilage? Gemeint sind deutsche Klassiker wie Möhren, Blumenkohl, Porree oder grüne Bohnen ... Kein Problem! Sie können fast jedem Gemüse auf diese Art zu einem italienischen Geschmack verhelfen.

Variationen

Lust auf mehr? Vielleicht haben Sie noch ein paar Krabben (aus dem Glas oder frisch) – gut. Dann mischen Sie sie unter das Gemüse. Passt super! Gewürfelter gekochter Schinken geht ebenfalls.

Gnocchi mit Tomatensauce

Gnocchi al pomodoro

Typisch Bistro-Küche

Für 2 Personen

1 EL Olivenöl
50 g magerer, durchwachsener Speck, gewürfelt
1 Zwiebel, gewürfelt
1 Knoblauchzehe
½ Packung (250 ml) gewürfelte Tomaten
400 g Gnocchi (Fertigprodukt, aus der Tiefkühltruhe)
Salz
Pfeffer aus der Mühle
1 EL fein geschnittenes Basilikum

1 Olivenöl in einem kleinen Topf erhitzen. Speck darin knusprig braten. Zwiebelwürfel zufügen und goldgelb braten. Knoblauch dazupressen. Tomaten zugeben und umrühren. Leise vor sich hin köcheln lassen.
2 Gnocchi in Salzwasser nach Packungsanweisung kochen.
3 Die Sauce mit Salz und Pfeffer abschmecken. Basilikum einrühren.
4 Gnocchi abgießen und abtropfen lassen. In der Tomatensauce anrichten.

Zeit: 15 Minuten
Kalorien pro Portion: 450

Spinat-Gnocchi

Sformato di gnocchi e spinaci

Easy-Version für schnelle Hobbyköche

Für 2 Personen

500 g Blattspinat, geputzt
1 EL Olivenöl
1 Zwiebel, gewürfelt
1 Knoblauchzehe
1 Becher Schlagsahne
400 g Gnocchi (Fertigprodukt, aus dem Kühlregal)
Salz
2 EL Ricotta
Pfeffer aus der Mühle
50 g Parmaschinken, in Scheiben
2 EL frisch geriebener Parmesan

1 Den Blattspinat tropfnass in einen großen Topf geben. Deckel drauf und bei mittlerer Hitze den Spinat nur eben zusammen fallen lassen. Auf ein Sieb geben und abtropfen lassen.
2 Olivenöl erhitzen. Zwiebelwürfel darin goldgelb anbraten. Knoblauch dazupressen. Sahne angießen und 5 Minuten köcheln lassen.
3 Gnocchi in Salzwasser nach Packungsanweisung garen. Abgießen und abtropfen lassen.
4 Ricotta unter die Sahne rühren und mit Salz und Pfeffer abschmecken.
5 Den Grill vorheizen.
6 Den Parmaschinken in Streifen schneiden. Spinat in eine ausgebutterte Auflaufform geben. Die Ricotta-Sahne (bis auf 3 EL) darüber gießen. Den Parmaschinken und die Gnocchi darauf geben. Die übrige Ricotta-Sahne mit Parmesan verrühren und darüber verteilen. Unter dem Grill einige Minuten gratinieren.

Zeit: 30 Minuten
Kalorien pro Portion: 745

Info

Spinat-Gnocchi sind eigentlich eine Spezialität aus der Lombardei: Handgemachte Klößchen aus Spinat, Ricotta, Eiern und Mehl. Weil „la mamma" heute nicht mehr so viel Zeit hat, haben wir diese neue Version für Sie parat.

Variation

Versuchen Sie mal Mangold statt Spinat. Das gibt der Sache eine etwas herbere Note.

Risotto & Polenta
Molto italiano ...

Für beide gilt:
Rühren, rühren, rühren!

Das geht zwar auch: Reis oder Polentagrieß in den Topf, Flüssigkeit und Deckel drauf und hoffen, dass etwas draus wird ... Aber das ist die Variante für die ganz Faulen.
Richtig ist: Sowohl Risotto als auch Polenta werden nur wirklich gut, wenn sie während der Kochzeit ständig gerührt werden. Und kaum wird der Arm ein bisschen lahm, sind Risotto oder Polenta auch schon fertig. Na also!

Risotto

Reis wird überall auf der Welt gegessen, aber nirgends gibt es etwas, was mit dem italienischen Risotto zu vergleichen wäre! Die Wiege der Risotti stand in **Norditalien**, wo sich die größten Reisanbaugebiete Europas befinden. Inzwischen wird Risotto in ganz Italien geschätzt, aber im Norden wird er nach wie vor mit reichlich **Butter** zubereitet, statt mit Olivenöl. Und die macht ein Risotto so wunderbar cremig ... Außerdem ganz wichtig: eine gute **Brühe** und **Parmesan**! Alles weitere ergibt sich so: Gemüse, Meeresfrüchte, Kräuter, Safran – ins Risotto passt fast alles. Und weil das so ist, gibt's unzählige Varianten und der Fantasie sind keine Grenzen gesetzt.
Reis muss körnig sein – aber nicht in Italien, jedenfalls nicht im Risotto ... Stattdessen: Für Risotto wird eine bestimmte Reissorte verwendet, die nur in Italien angebaut wird. Dieser Spezialreis hat nach dem Kochen die wunderbare Eigenschaft, dass die Körner außen sahnig-cremig sind, der Kern jedoch noch Biss hat! Also: für Risotto immer den richtigen Reis verwenden – und: Rühren, rühren ... siehe oben!

Der Reis

Ein Risotto gelingt nur mit einem speziellen Rundkornreis, dessen Körner zwar Flüssigkeit aufnehmen, nach dem Garen aber noch angenehm bissfest sind.
Arborio (auch als Avorio bezeichnet) ist der gängigste Risottoreis. Weit besser noch ist der **Vialone**. Die Reissorte **Carnaroli** hat Spitzenqualität.

Das mag Risotto nicht:

Langkornreis (parboiled), weil er keine Flüssigkeit aufnimmt.
Milchreis, nimmt zwar Flüssigkeit auf, das Korn wird aber zu weich und klebt.
Wenig Flüssigkeit, denn die macht den Reis nicht sämig genug.
Langes Stehen oder **warm halten**, denn dann quillt der Reis nach und wird trocken.

Risotto rühren-
Schritt für Schritt

Für 4 Personen als Hauptgericht
(als Beilage reicht das halbe Rezept):

80 g Butter
evtl. 1 fein gewürfelte Zwiebel
200 g Risottoreis
1/8 l Weißwein
600 ml heiße Brühe (immer: dreifache Menge Flüssigkeit wie Reis!)
2-4 EL frisch geriebener Parmesan

1. In der Hälfte der Butter die Zwiebelwürfel andünsten. Reis einstreuen und glasig dünsten. Rühren!
2. Den Reis mit Wein ablöschen und verkochen lassen. Dabei rühren!
Bei kleiner bis mäßiger Hitze weiterarbeiten.
3. Ein Drittel der Brühe zugeben und rühren, bis die Brühe aufgesogen ist.
4. Zweites Drittel Brühe angießen. Ständig rühren und warten, bis auch diese aufgesogen ist.

5. Den Rest Brühe angießen und weiter rühren, bis ein sämiger Brei entstanden ist.
6. Die restliche Butter einrühren und den Parmesan zufügen. Zugedeckt 2-3 Minuten quellen lassen. Abschmecken mit Salz und Pfeffer ist kaum mehr nötig.

Gourmet-Tipp

Frische Trüffel in ein Glas mit Risottoreis legen. So nimmt der Reis das Trüffelaroma an. Trüffel allerdings innerhalb von 3-4 Tagen verbrauchen.

Es geht auch ohne Rezept:

Wer erst einmal Risotto nach unserem Grundrezept aus dem Handgelenk rührt, kann alle möglichen Variationen daraus ableiten. Garantiert ganz easy! Das geht schon los mit dem klassischen Risotto alla milanese. Eine Kapsel oder ein Tütchen Safran in etwas Wasser auflösen und unter den Reis rühren. Statt Weißwein mal Rotwein, z. B. einen Chianti, einen Spumante oder Prosecco nehmen, und schon schmeckt der Reis anders. Übrig gebliebenes Gemüse wie Porree, Paprika, Möhren oder grüne Bohnen sind ebenso willkommen wie Bratenreste, Schinken oder Salami. Frisches Gemüse klein schneiden und mit dem Reis andünsten. Bereits gedünstetes Gemüse (der Rest von einer Beilage) unter den fertigen Risotto mischen. Statt Parmesan mal anderen Käse nehmen oder mit Kräutern experimentieren – Knoblauch ist natürlich immer erlaubt!

Ein Blick genügt –
auf die nächsten beiden Seiten ...

Polenta

Grießbrei ist Schonkost und schmeckt nur Kindern ... nicht so in Italien, wenn es sich um Maisgrieß handelt. Im Norden (Südtirol, Piemont, Venetien, Friaul, Trentino und der Lombardei) ist eine sättigende Polenta Traditionsgericht der Landbevölkerung. Wenn etwas übrig bleibt macht „la mamma“ Polentaschnitten daraus, die sie mit einem kleinen Rest Sugo oder Ragù in den Ofen schiebt, um daraus ein fantastisches Wohlschmeck-Gericht zu zaubern. Typisch italienisch-kreative Kochkunst!

Grundrezept:

Auf 1 Teil Maisgrieß kommen 4 Teile Flüssigkeit. Für 4 Personen 200 g Maisgrieß und 800 ml Flüssigkeit (Wasser oder Brühe).

Salzwasser aufkochen. Bei mittlerer Hitze den Maisgrieß unter Rühren einstreuen. Hitze reduzieren. 20-30 Minuten eben am Siedepunkt garen, dabei öfter umrühren. Je mehr Sie rühren, desto luftiger und feiner wird die Polenta!

Wer Polentaschnitten daraus machen möchte, rührt solange, bis sich der Brei vom Topfboden löst. Locker-fest und streichfähig soll er sein! Entweder in eine Kastenform füllen oder auf einem Brett etwa 1-2 cm dick ausstreichen. Auskühlen lassen.

Es geht auch ohne Rezept:

Eine cremige Polenta braucht nur noch etwas Aroma oder Würze zum Abrunden oder Verfeinern, und schon haben Sie ein breit gefächertes Repertoire: Mit Knoblauch oder feingeriebener Zitronen- oder Orangenschale; mit fein geschnittenen Kräutern – im Trend liegen Rucola und Minze, besonders empfehlenswert zu Lamm und Ente; mit einem Hauch fein zermörsertem Wacholder zu Wild; mit Frühlingszwiebeln oder Porree, fein geschnitten versteht sich und in etwas Olivenöl angedünstet. Das gilt auch für Knoblauch, Gewürze und Kräuter. Das Easy-Rezept der Italiener, Polenta freddo e caldo: Kalte Milch in eine Tasse gießen, heiße Polenta reingeben und auslöffeln ...

Tomatenrisotto mit Gemüse

Risotto alla contadina

Für Gemüse-Fans!

Für 4 Personen

1 kleine Dose geschälte Tomaten
3 EL Olivenöl
1 Zwiebel, gewürfelt
1 Knoblauchzehe, gewürfelt
400 g Risottoreis
1 ¼ l Gemüsebrühe (Instant)
2 Tassen gewürfeltes Gemüse
(z. B. Zucchini, Paprika, Porree)
2 EL Butter
75 g frisch geriebener Pecorino
Salz
Pfeffer aus der Mühle
2 EL gehackte Petersilie

1 Die Tomaten durch ein Sieb streichen.
2 2 EL Olivenöl erhitzen. Zwiebelwürfel und Knoblauch darin glasig dünsten. Den Reis einstreuen und kurz andünsten. ⅓ der Brühe angießen, aufkochen und unter Rühren einkochen lassen. Die Hitze herunter schalten.
3 Nach und nach die restliche Brühe und das Tomatenpüree angießen, so dass der Reis stets mit Flüssigkeit bedeckt ist. Noch 20-25 Minuten weiter garen, dabei immer weiter rühren!
4 Restliches Olivenöl erhitzen und das Gemüse darin 5 Minuten braten.
5 Nacheinander Butter, Pecorino und Gemüse unter den Risotto rühren. Schnell noch mit Salz und Pfeffer abschmecken, Petersilie drüber und auf den Tisch damit!

Zeit: 45 Minuten
Kalorien pro Portion: 620

Spargelrisotto mit Morcheln

Risotto con asparagi e spugnole

Risotto-Glück für Zwei

Für 2 Personen

10 g getrocknete Spitzmorcheln
6 EL Weißwein · 4 EL Butter
1 kleine Zwiebel, gewürfelt
200 g Risottoreis
600 ml Hühnerbrühe (Instant)
250 g grüner Spargel, in dünne Scheiben geschnitten
Salz
40 g frisch geriebener Pecorino
Pfeffer aus der Mühle

1 Die Morcheln gründlich abspülen, abtropfen lassen und im Wein etwa 30 Minuten einweichen.
2 Die Morcheln in ein Sieb geben, den Wein auffangen. 3 EL Butter erhitzen. Zwiebelwürfel und Morcheln darin andünsten. Den Reis einstreuen und kurz andünsten.
3 ⅓ der Brühe angießen, aufkochen und einkochen lassen. Ab und zu umrühren! Hitze herunter schalten.
4 Nach und nach die restliche Brühe und den Wein angießen. Darauf achten, dass der Reis immer mit Flüssigkeit bedeckt ist und rühren, rühren, rühren. Etwa 20 Minuten weitergaren.
5 Inzwischen den Spargel in wenig leicht gesalzenem Wasser 5 Minuten garen. Abgießen und abtropfen lassen.
6 Nach und nach die restliche Butter, den Pecorino und den Spargel unter den Reis rühren. Eine Spur Salz und etwas Pfeffer dazu und sofort servieren.

Zeit: 40 Minuten
Wartezeit: 30 Minuten
Kalorien pro Portion: 620

Info

Morcheln sind Edelpilze – und haben einen stolzen Preis. Eine Alternative, aber auch recht teuer, sind getrocknete Steinpilze. Der Risotto schmeckt aber auch mit einer Hand voll frischer, gebratener Champignons.

Radicchio-Risotto

Mit herbem Geschmack: überraschend neu - überraschend gut!

Für 4 Personen

1 kleiner Radicchio
6 EL Butter
1 Zwiebel, gewürfelt
1 Knoblauchzehe
400 g Risottoreis
½ l kräftiger Rotwein
600 ml Gemüsebrühe (Instant)
50 g frisch geriebener Parmesan
Salz
Pfeffer aus der Mühle
1 Prise Zucker

1 Die äußeren Blätter vom Radicchio entfernen. Radicchio vierteln, den Strunk herausschneiden und die Radicchioblätter in Streifen schneiden.
2 Die Hälfte der Butter erhitzen. Zwiebelwürfel und den Radicchio darin andünsten. Den Knoblauch dazupressen. Den Reis einstreuen und kurz andünsten. Die Hälfte des Rotweins angießen und einkochen lassen, dabei umrühren. Hitze herunter schalten.
3 Und nun immer nur soviel von dem restlichen Wein und der Brühe angießen, dass der Reis bedeckt ist. Den Reis in ca. 20 Minuten fertig garen – dabei ständig umrühren.
4 Die restliche Butter und den Parmesan unter den Risotto rühren.
5 Mit Salz, Pfeffer und – wer die herbe Note etwas mildern möchte – mit einer Prise Zucker abschmecken. Sofort servieren.

Zeit: 45 Minuten
Kalorien pro Portion: 550

Info

Dieses Gericht ist eine Spezialität aus Venetien und wird mit dem für die Gegend typischen Radicchio di Treviso zubereitet: Das ist der mit den länglichen Blättern, etwas milder im Geschmack als der hier bekannte kugelrunde Radicchio. Wer möchte, träufelt sich noch etwas Olivenöl auf den Risotto – das neutralisiert den herben Geschmack.

Kräuter-Risotto

Risotto alle erbe

Es grünt so grün ...

Für 4 Personen

1 Bund Frühlingszwiebeln
6 EL Butter
400 g Risottoreis
1 Knoblauchzehe
1 ¼ l Gemüsebrühe (Instant)
40 g frisch geriebener Pecorino
1 Tasse fein geschnittene, gemischte Kräuter (Petersilie, Basilikum, Kerbel, Pimpinelle, Zitronenmelisse)
2 Tomaten, gewürfelt
Salz
Pfeffer aus der Mühle

1 Das obere Drittel der Frühlingszwiebeln entfernen. Den Rest fein schneiden.
2 Die Hälfte der Butter erhitzen. Zwiebeln darin andünsten. Reis einstreuen und glasig dünsten. Knoblauch dazupressen.
3 ⅓ der Brühe angießen und unter Rühren einkochen lassen.
4 Hitze herunter schalten. Die restliche Brühe nach und nach angießen, dabei immer kräftig rühren und den Reis in 20-25 Minuten fertig garen.
5 Die restliche Butter und den Pecorino einrühren. Die Kräuter und die Tomaten unterrühren. Nochmals 1 Minute erhitzen. Mit Salz und Pfeffer abschmecken und sofort auftischen.

Zeit: 45 Minuten
Kalorien pro Portion: 580

Tipp

Nehmen Sie auf jeden Fall frische Kräuter – getrocknete würden hier nicht so gut passen! Die Auswahl der Kräuter bleibt Ihnen überlassen, der Risotto schmeckt mit jeder Kombination super lecker ...

Scampi-Risotto

Risotto con scampi

Superfein – für einen besonderen Anlass ...

Für 2 Personen

2 EL Olivenöl
12 Scampi, roh, ohne Schale
2 Schalotten, fein gewürfelt
175 g Risottoreis
1 Knoblauchzehe
1/4 l Weißwein
1 Glas (400 ml) Fischfond
2 EL Butter
Saft von 1/2 Zitrone
Salz
Pfeffer aus der Mühle
2 TL Pinienkerne, geröstet

1 Das Olivenöl im Topf erhitzen. Die Scampi darin kurz anbraten, aus dem Öl nehmen und auf einem Teller beiseite stellen.
2 Die Schalotten im Bratöl andünsten. Den Reis einstreuen und glasig dünsten. Knoblauch dazupressen. Den Wein angießen und etwa auf die Hälfte einkochen lassen.
3 Hitze zurückschalten. Dann den Fischfond nach und nach angießen, dabei rühren. Immer nur soviel Fond angießen, dass der Reis eben bedeckt ist. Reis in 20-25 Minuten fertig garen (Rühren nicht vergessen!), am Schluss soll er noch gut feucht sein.
4 Die Scampi zugeben und 2-3 Minuten darin ziehen lassen. Butter vorsichtig einrühren. Mit Zitronensaft, Salz und Pfeffer abschmecken.
Mit Pinienkernen bestreut servieren – subito!

Zeit: 45 Minuten
Kalorien pro Portion: 720

Steinpilz-Risotto

Risotto ai porcini

Der absolute Klassiker

Für 2 Personen

10 g getrocknete Steinpilze
5 EL Butter
1 Zwiebel, gewürfelt
175 g Risottoreis
1 Knoblauchzehe
1/8 l Weißwein
4 mittelgroße Steinpilze
1 EL Olivenöl
Salz
Pfeffer aus der Mühle
2 EL frisch geriebener Parmesan
2 EL gehackte Petersilie

1 Die getrockneten Steinpilze gründlich abspülen und in gut einem halben Liter lauwarmem Wasser 30 Minuten einweichen. Anschließend abgießen, das Einweichwasser dabei auffangen.
2 Die abgetropften Pilze fein würfeln.
3 Die Hälfte der Butter erhitzen. Die Zwiebelwürfel darin andünsten. Den Reis einstreuen und glasig dünsten. Knoblauch dazupressen, die gewürfelten Pilze zufügen und unterrühren. Den Wein angießen und einkochen lassen.
4 Hitze herunter schalten. Unter Rühren nach und nach das Steinpilzwasser angießen. Darauf achten, dass der Reis immer mit Flüssigkeit bedeckt ist. In 20-25 Minuten unter ständigem Rühren fertig garen.
5 Die frischen Steinpilze putzen und in Scheiben oder Würfel schneiden.
6 Olivenöl erhitzen und die Pilze darin kurz anbraten. Mit etwas Salz und Pfeffer würzen.
7 Die restliche Butter und den Parmesan unter den Risotto rühren. Noch etwas Salz und Pfeffer dran und die Petersilie unterrühren. Auf Tellern anrichten und die gebratenen Steinpilze darauf geben. Buon appetito!

Zeit: 45 Minuten
Wartezeit: 30 Minuten
Kalorien pro Portion: 620

Info

Wer nach Italien reist, sollte sich von dort Pilz- oder noch besser Steinpilz-Brühwürfel (Brodo ai funghi/ai porcini) mitbringen, die es bei uns nicht gibt. Richtig gut – nicht nur für Risotto, sondern auch für Suppen und Saucen.

Risotto mit Erbsen

Risi e bisi

Die echte Version!

Für 4 Personen

4 EL Butter
50 g durchwachsener, geräucherter Speck, fein gewürfelt
1 Zwiebel, gewürfelt
1 Bund Petersilie, gehackt
250 g Risottoreis
1 Knoblauchzehe
3/4 l Gemüse- oder Fleischbrühe (Instant)
300 g TK-Erbsen
60 g frisch geriebener Parmesan
Salz
Pfeffer aus der Mühle

1 Die Hälfte der Butter erhitzen. Speck und Zwiebelwürfel darin anbraten. Die Hälfte der Petersilie zugeben und den Reis einstreuen. Den Reis glasig dünsten. Dann den Knoblauch dazupressen.
2 1/3 der Brühe angießen und unter Rühren fast verkochen lassen.
3 Hitze herunterschalten. Jetzt nach und nach die restliche Brühe angießen. Der Reis muss dabei immer bedeckt sein. Rühren, rühren und rühren und zwar noch 20-25 Minuten, bis der Reis gar ist. In den letzten 6-8 Minuten die Erbsen zugeben.
4 Die restliche Butter, den Parmesan und die übrige Petersilie darunter rühren. Mit Salz und Pfeffer abschmecken. Der Risotto soll am Schluss sehr sämig sein.

Zeit: 45 Minuten
Kalorien pro Portion: 550

Tipp

Sie können den Reis auch ohne Speck zubereiten. Stattdessen gewürfelten, gekochten Schinken oder klein geschnittene Bratenreste zum Schluss unterrühren.

Kürbis-Risotto

Risotto alla zucca

Herbstgenuss – unwiderstehlich!

Für 2 Personen

1 Peperonicino
5 EL Butter
2 Zwiebeln, gewürfelt
250 g Kürbisfruchtfleisch, klein gewürfelt
1 TL Thymianblättchen
150 g Risottoreis
1 Knoblauchzehe
1/4 l Weißwein
1/2 l Gemüsebrühe (Instant)
50 g frisch geriebener Parmesan
etwas Zitronensaft
Salz
Pfeffer aus der Mühle

1 Peperoncino aufschlitzen und die Kernchen entfernen. Die Schote sehr fein würfeln.
2 Gut die Hälfte der Butter erhitzen. Zwiebeln und Peperoncino darin andünsten. Kürbis und Thymian zugeben und unter Rühren ebenfalls kurz andünsten. Reis einstreuen und glasig dünsten. Knoblauch dazupressen. Weißwein angießen und die Hälfte einkochen lassen. Dabei umrühren. Hitze herunterschalten.
3 Die Brühe nach und nach angießen, dabei muss der Reis immer mit Flüssigkeit bedeckt sein. Ständig rühren und den Reis fertig garen, das dauert etwa 20-25 Minuten.
4 Die restliche Butter und den Parmesan einrühren. Mit Zitronensaft, Salz und Pfeffer abschmecken und sofort servieren.

Zeit: 45 Minuten
Kalorien pro Portion: 650

Extra

Risotto passt auch gut als Beilage zu Fleisch: In diesem Fall mit Lammkoteletts oder Steaks servieren.
Wenn's lieber fleischlos sein soll und der Magen richtig knurrt: Gut passt ein Rucola- oder Endiviensalat dazu.

Zitronen-Polenta

Polenta al limone

Italiens Polenta contra deutsches Kartoffelpüree ...

Für 2 Personen

2 EL Olivenöl
1 Zwiebel, gewürfelt
2 TL abgeriebene Zitronenschale
1 Knoblauchzehe
1/2 l klare Brühe (Instant)
100 g Maisgrieß
1/2 Becher Schlagsahne
2-3 EL Zitronensaft
Salz
Pfeffer aus der Mühle
40 g frisch geriebener Parmesan

1 Olivenöl erhitzen. Zwiebelwürfel und Zitronenschale darin andünsten. Knoblauch dazupressen und kurz anschwitzen. Brühe angießen und aufkochen lassen. Hitze auf kleinste Stufe zurück schalten.

2 Unter Rühren den Maisgrieß einstreuen. 10 Minuten rühren. Dann die Sahne angießen und weitere 8-10 Minuten ausquellen lassen, dabei immer schön rühren!

3 Die Polenta mit Zitronensaft, Salz und Pfeffer abschmecken und mit dem Parmesan bestreut servieren.

Zeit: 30 Minuten
Kalorien pro Portion: 560

Tipp

Majoran- oder Oreganoblättchen in etwas heißem Olivenöl frittieren und über die Polenta geben. Die Blättchen müssen sehr trocken sein, damit das Fett nicht spritzt.

Extra

Passt besonders gut zur Entenbrust mit Zwiebel-Oliven-Sugo oder zu dem Schmorbraten in Rotwein – beide Rezepte auf Seite 109.

Polenta mit Sardellen

Polenta con le acciughe

Heiß aus dem Ofen: Plus Salat ein Schmaus für Hungrige

Für 4 Personen

4 EL Olivenöl
1 Gemüsezwiebel, gewürfelt
2 Knoblauchzehen, gewürfelt
1-2 EL Aceto Balsamico
3/4 l Gemüsebrühe (Instant)
1/4 l Milch
200 g Maisgrieß
Salz
Pfeffer aus der Mühle
6-8 Sardellenfilets
2 Tomaten, in Scheiben
40 g frisch geriebener Parmesan
4 EL Butter, zerlassen
1 EL gehackte Petersilie

1 Olivenöl erhitzen. Zwiebelwürfel und Knoblauch darin bei mäßiger Hitze etwa 10 Minuten dünsten. Dabei mit Aceto Balsamico beträufeln. Die Brühe und die Milch angießen und aufkochen lassen.

2 Unter Rühren den Maisgrieß einstreuen. 10-15 Minuten zu einem weichen Brei kochen, dabei ständig rühren.

3 Den Backofen auf 220 °C vorheizen und eine Auflaufform mit Butter auspinseln.

4 Den Maisbrei mit Salz und Pfeffer abschmecken und in der Form verteilen. Mit Sardellen und Tomatenscheiben belegen. Mit dem Parmesan bestreuen und die Butter darüber träufeln.

5 Im Ofen 10-15 Minuten überbacken. Mit Petersilie bestreut servieren.

Zeit: 50 Minuten
Kalorien pro Portion: 495

Tipp

Bleibt von der Polenta etwas übrig – um so besser! Am nächsten Tag in Scheiben schneiden und kurz in Olivenöl backen. Mit Tomatenscheiben belegen – und das Abendessen ist gesichert.

Polenta-Plätzchen überbacken

Gnocchi alla Romana

Zählen zur Pasta-Familie – und sind doch so anders ...

Für 4 Personen

½ l Wasser
Salz
150 g Maisgrieß
8 EL Butter
1 Knoblauchzehe
4 EL gehackte frische Kräuter (Petersilie, Oregano und Rosmarin)
2 Tomaten, gewürfelt
Pfeffer aus der Mühle

1 Das Wasser aufkochen. ½ TL Salz hineingeben und unter Rühren den Maisgrieß einstreuen. Hitze herunterschalten und 10-15 Minuten zu einem festen Brei rühren.
2 Den Maisbrei auf ein feuchtes Brett geben und mit einer Palette oder einem Teigschaber etwa 1 cm dick verstreichen. Vollständig auskühlen lassen.
3 Den Backofen auf 220 °C vorheizen.
4 Mit einem runden Ausstecher (etwa 6 cm Durchmesser) Kreise aus der Polenta ausstechen.
5 Eine flache Auflaufform mit etwas Butter ausfetten. Die Polenta-Plätzchen dachelziegelartig hineinlegen.
6 Die restliche Butter erhitzen. Knoblauch dazu pressen, Kräuter einrühren und kurz andünsten.
7 Tomaten über die Polenta streuen, dann die Kräuterbutter darüber verteilen. Einige Umdrehungen aus der Pfeffermühle drüber.
8 Ab in den Ofen und 12-15 Minuten überbacken.

Zeit: 50 Minuten
+ Kühlzeit ca. 30 Minuten
+ Backzeit ca. 15 Minuten
Kalorien pro Portion: 290

Extra

Die überbackene Polenta passt gut zum Lamm mit Artischocken – Rezept auf Seite 107.

Hähnchenbrust mit Polenta-Sauce

Petti di pollo con polentina

Kurze Bratzeit – schnelle Sauce: Easy cooking für Eilige

Für 2 Personen

2 Hähnchenbrustfilets
Salz
Pfeffer aus der Mühle
2 EL Olivenöl
1 Zwiebel, gewürfelt
etwas Aceto Balsamico
1 Knoblauchzehe
¼ l Hühnerbrühe (Instant)
2 EL Maisgrieß
1 Schuss Schlagsahne
1 Tasse gewürfelte Tomaten (aus der Packung)
1 EL gehackte Petersilie

1 Die Hähnchenbrustfilets salzen und pfeffern. Olivenöl in einer Pfanne erhitzen. Das Fleisch darin von beiden Seiten 12 Minuten braten. Aus der Pfanne nehmen und mit Alufolie abdecken, damit es warm bleibt.
2 Die Zwiebelwürfel im Bratfett andünsten. Einige Spritzer Aceto Balsamico zugeben und die Knoblauchzehe dazupressen. Die Hühnerbrühe angießen und aufkochen.
3 Unter Rühren den Maisgrieß einstreuen und 5 Minuten quellen lassen, dabei rühren.
4 Mit einem Schuss Sahne verfeinern. Die Tomaten darunter mischen und erhitzen. Mit Salz und Pfeffer abschmecken und die Petersilie darunter ziehen.
5 Die Hähnchenbrust aufschneiden und mit der Sauce servieren.

Zeit: 20 Minuten
Kalorien pro Portion: 470

Extra

Wer Gemüse dazu essen möchte, der greift in der Tiefkühltruhe zu Spinat, Brokkoli oder Erbsen und lässt das Gemüse parallel im Topf auftauen.

Ganz easy: Pizza
Die tollen Fladen...

Mamma mia –

wie schaffen das die Italiener nur? Der Teig besteht aus Mehl, Wasser und Hefe, oben drauf kommen Tomaten, ein bisschen Belag und Käse – das ist schon alles: Und im Ofen wird daraus eine duftende Pizza. Von Neapel trat sie ihren Siegeszug um die ganze Welt an. Die italienische Berühmtheit entwickelte sich vom simplen Teigfladen, (den es sogar schon unter dem Namen „piza“ in der Römerzeit gab) erst im 19. Jahrhundert zur Pizza, wie wir sie heute kennen. Wer meint, eine Pizza ist nur dann gut, wenn der Boden hauchdünn und knusprig ist, der irrt, denn da wo ihre Wiege steht, ist der Teig eher dick, innen weich und außen knusprig. Egal wie, Pizza kennt keine Regel – außer: Frisch gebacken und heiß aus dem Ofen ist sie am besten!

Fertigteige für flinke Bäcker:

Pizzateig (die 450 g Packung reicht für ein ganzes Blech) aus der Tiefkühltruhe ist ebenso gut wie selbstgemachter! Allerdings nichts für den Spontan-Hunger, denn der Teig aus der Kälte muss erst auftauen und braucht auch seine Zeit zum Gehen. Für Ungeduldige gibt's noch die Packung Pizzateig mit 400 g aus dem Kühlregal. Ausrollen, belegen und ab in den Ofen. Wer nicht einmal mehr zum Nudelholz greifen möchte, nimmt den Pizzateig aus der Dose (250 g) für 3 Pizzastücke oder den hauchdünnen, fertig ausgerollten Pizzaboden, die Packung zu 230 g. Diese drei Pizzateige werden im Kühlschrank aufbewahrt, deshalb das Haltbarkeitsdatum nicht aus dem Auge verlieren. Wer eine Pizza-Backmischung im Vorrat hat, muss zwar kneten, rollen und den Teig gehen lassen, aber die Hefe ist dabei inklusiv.

Pizza-Grundteig

(für 1 Blech):

400 g Mehl, 1 TL Salz, 1 Päckchen Trockenbackhefe, 250 ml handwarmes Wasser und 2 EL Olivenöl mit den Knethaken des Handrührers zu einem glatten Teig verarbeiten. Vor dem Backen 45-60 Minuten mit einem Geschirrtuch abgedeckt an einem warmen Ort gehen lassen.

Vom Teig zur Pizza:

– Den Teig auf einer **bemehlten Arbeitsfläche** etwas vorrollen.

– **Backblech nur ölen**. Teig aufs Blech heben und ausrollen. An den Rändern, wo man schlecht mit der Rolle hinkommt, den Teig mit der Hand hochdrücken.

– **Teig mit Tomatenpüree bestreichen**. Dazu abgetropfte Dosentomaten zerkleinern, abtropfen lassen. Mit etwas Salz, Pfeffer und Olivenöl verrühren.

– **Nach Gusto belegen** und mit Mozzarella (außer bei Fisch) abdecken.

– Pizza muss heiß gebacken werden. **Backofen immer vorheizen**, auf etwa 220 bis 225 °C.

– Die **Backzeit** beträgt **15-20 Minuten**.

Pizza-Gewürz: Oregano

Typisch für das Pizza-Aroma ist Oregano, frisch oder getrocknet. Am besten mit dem Tomatenpüree verrühren. Sie können aber auch Thymian, Rosmarin oder Salbei (den aber sparsam) verwenden, diese lieben ebenfalls die Ofenhitze. Basilikum oder Rucola nur als Aroma-Garnitur verwenden.

Pizza-Käse: Mozzarella

Dank seiner guten Schmelzeigenschaft und seines neutralen Geschmacks ist er der ideale Partner für Pizza.
Gut geeignet ist auch der vollfette Fontina. Parmesan ist nicht geeignet! Andere „Nicht-Italiener" sollten immer mindestens 45% Fett i. Tr. haben, damit sie gut schmelzen – wie Gouda, Gruyere, Raclettekäse oder Butterkäse.

So isst man Pizza in Neapel:

Aus der Hand, ohne Messer und Gabel! Easy: einfach ein Pizzastück (eine runde Pizza besser vierteln) zusammenklappen und abbeißen. Nie ohne Servietten!

Gut zu wissen:

– Zum Pizzabacken ist das **Backblech** ideal: egal ob Sie die ganze Blechgröße ausnutzen oder eine runde Pizza darauf backen. Runde Pizzableche mit flachem Rand muss man nicht unbedingt haben.
- Ein **Pizzarädchen** mit glattem scharfen Rand (nicht zu verwechseln mit dem Teigrädchen mit gewelltem Rand) ist zum Zerteilen der Pizza mit heiß schmelzendem Käse ideal. Ansonsten das große **Küchenmesser** mit glatter Klinge nehmen.

Spezialitäten:

Calzone Eine große Teigtasche, die mit verschiedenem Käse, Schinken, Salami, Gemüse und Kräutern gefüllt wird. Für den großen Hunger! In Apulien liebt man sie mit vegetarische Füllung: Mit viel Gemüse und Tomaten.
Pizzette Kleine frittierte Teigplätzchen, die mit einer Tomatensauce serviert werden – alla napoletana.
Blitz-Pizza Olivenöl mit durchgepresstem Knoblauch verrühren. Teig damit bepinseln. Mit Oregano bestreuen und mit Mozzarella belegen.
Marinara Die Simpel-Variante – besonders easy aber super-lecker! Einfach nur den Pizzateig mit passierten Tomaten dick bestreichen, gehackten Knoblauch und reichlich Petersilie drauf. Ab in den Ofen und schon mal einen Wein aufmachen!

Es geht auch ohne Rezept:

Der Teig mit saftigem Tomatenpüree wartet nur darauf, üppig belegt zu werden. Dazu gehört kein Können. Kleinen Pizzaköchen bringt's Spaß, weil sie mithelfen können, größere Kids gehen in Kühlschrank und Vorrat auf Entdeckungsreise. Junge Leute laden zur Pizza-Party ein, weil's unkompliziert ist und jeder nach eigenem Gusto zum Pizzabäcker wird: Easy und preiswert. Egal ob mit Thunfisch, gekochtem Schinken oder Salami, Artischocken, Sardellen, Paprika, Zucchini oder Blattspinat, mit oder ohne Oliven – aber gerne mit Mozzarella zum Überbacken und mit dem typischen italienischen Pizza-Kraut Oregano zum Würzen – Pizza ist eine wunderbare Erfindung für Groß und Klein. Übrigens: Es wurde schon Pizza mit Ananas oder Mandarinen gesichtet – ist aber echt untypisch!

Ein Blick genügt -
auf die nächsten beiden Seiten ...

Easy cooking auf einen Blick:

Ein Blech mit knusprigem Teig – plus Tomaten plus Mozzarella gleich Pizza Margherita. Dazwischen liegt die große Palette mit Fantasie-Belag für italienischen Pizza-Genuss – molto interessante!

Pizza mit Käse

Pizza ai quattro formaggi

Mild-würzige und köstlich!

Für 4-6 Personen

1 Packung (450 g) TK-Pizzateig oder
1 Pizzateig nach Grundrezept S. 72
je 125 g Mozzarella, Gorgonzola, Ricotta und Parmesan
4 EL Olivenöl
4 EL gewürfelte Tomaten (aus der Packung)
6 eingelegte grüne Peperoni aus dem Glas
2 TL Oreganoblättchen
Pfeffer aus der Mühle

1 Den tiefgefrorenen Pizzateig nach Packungsanweisung auftauen lassen (oder einen Pizzateig selber machen).
2 Mozzarella in dünne Scheiben schneiden, Gorgonzola in Bröckchen teilen, Ricotta mit einer Gabel zerdrücken, Parmesan reiben.
3 Den Pizzateig auf einem leicht geölten Backblech ausrollen. Mit 2 EL Olivenöl beträufeln. Dann Tomaten, Käse, Peperoni und Oregano darauf verteilen. 5 Minuten gehen lassen.
4 Den Backofen auf 225 °C vorheizen.
5 Die Pizza mit dem restlichen Olivenöl beträufeln, einige Umdrehungen aus der Pfeffermühle drüber. Ab mit dem Blech in den Ofen und etwa 15 Minuten backen.

Zeit: 40 Minuten
+ Backzeit: 15 Minuten
Kalorien pro Portion: 820 (550)

Tipp

Diese Pizza ist genial, um im Kühlschrank mal mit Käseresten aufzuräumen: Egal ob Gouda, Emmentaler, Butterkäse oder Gruyerzer – alles passt. Ausschlaggebend ist die Mischung aus würzigen und milden Sorten.

Pizza mit Meeresfrüchten

Pizza ai frutti di mare

Stopp! Hier kommt kein Käse drauf …

Für 4-6 Personen

1 Packung (450 g) TK-Pizzateig oder
1 Pizzateig nach Grundrezept S. 72
2 Tassen gehäutete, gewürfelte Tomaten (von 500 g)
1 Bund Petersilie, gehackt
2 Knoblauchzehen, gewürfelt
1 Messerspitze getrockneter, geschroteter Peperoncini
4 EL Olivenöl
500 g Meeresfrüchte – gibt's als Mischung fertig tiefgefroren oder beim Fischhändler vorgegart zu kaufen: Scampi, Tintenfischringe, Thunfisch und Muscheln – oder alles aus der Dose
einige grüne Oliven
Pfeffer aus der Mühle

1 Den tiefgefrorenen Pizzateig nach Packungsanweisung auftauen lassen (oder einen Pizzateig selber machen).
2 Die Tomaten mit Petersilie, Knoblauch, Peperoncini und 2 EL Olivenöl mischen.
3 Den Pizzateig auf einem leicht geölten Backblech ausrollen. Die Tomatenmischung darauf verteilen und 5 Minuten gehen lassen.
4 Den Backofen auf 220 °C vorheizen.
5 Die Meeresfrüchte und die Oliven auf der Pizza verteilen. Mit dem restlichen Olivenöl beträufeln. Etwas Pfeffer drüber und 15-20 Minuten backen, bis der Teigrand knusprig braun ist.

Zeit: 35 Minuten
+ Backzeit: 15-20 Minuten
Kalorien pro Portion: 635 (425)

Variation

Sie haben nur 2 Dosen Thunfisch im Haus und trotzdem Lust auf diese Pizza? OK! Das geht auch. Statt der Oliven dann aber vielleicht lieber Zwiebelringe von 2 - 3 großen Zwiebeln obendrauf. Und vielleicht noch ein paar Kapern …

Trendy

Statt der Meeresfrüchte mal frisches Lachsfilet in dicken Streifen auf die Pizza legen. Lecker!

Pizza mit Parmaschinken

Pizza al prosciutto di Parma

Sündhaft gut

Für 2 Personen

1 Packung Pizzateig auf Backpapier (230 g) – liegt im Kühlregal bei den Fertigteigen – oder die Hälfte Pizzateig nach Grundrezept S. 72
4 EL passierte Tomaten (aus der Packung)
1 EL Tomatenmark
3 EL Olivenöl
1 Knoblauchzehe
Pfeffer aus der Mühle
50 g Parmaschinken, dünn geschnitten
4 eingelegte grüne Peperoni (aus dem Glas)
50 g Gorgonzola
2 EL Ricotta (deutscher Frischkäse geht auch)
1 TL Thymianblättchen
100 g Mozzarella, in dünnen Scheiben

1 Den Backofen auf 220 °C vorheizen.
2 Den Pizzateig auf einem Backblech entrollen.
3 Tomaten mit Tomatenmark und 2 EL Olivenöl verrühren. Den Knoblauch dazupressen und mit Pfeffer würzen.
4 Die Mischung auf dem Teig verstreichen. Mit Parmaschinken und Peperoni belegen.
5 Gorgonzola und Ricotta mit einer Gabel zerdrücken. Mit dem Messer kleine Häufchen auf dem Schinken verteilen. Thymian drüberstreuen und die Mozzarellascheiben darauf legen.
6 Ab in den Ofen damit, noch 15-20 Minuten Backzeit – und fertig.

Zeit: 10 Minuten
+ Backzeit: 15-20 Minuten
Kalorien pro Portion: 800

Tipp

Wer's nicht so würzig mag, nimmt nur Mozzarella oder geriebenen Gratinkäse zum Überbacken.

Spinat-Pizza mit Lachs

Pizza al salmone e spinaci

Exklusiv – für Gourmets

Für 4 Personen

1 Packung (450 g) TK-Pizzateig oder 1 Pizzateig nach Grundrezept S. 72
1 Packung (300 g) TK-Blattspinat
2 EL Tomatenmark
4 EL Olivenöl
2 Knoblauchzehen
Salz
Pfeffer aus der Mühle
2 EL Kapern
250 g Mozzarella, in Scheiben
100 g Räucherlachs, in dünnen Scheiben

1 Den tiefgefrorenen Pizzateig nach Packungsanweisung auftauen lassen (oder einen Pizzateig selber machen). Den Spinat ebenfalls auftauen lassen.
2 Tomatenmark mit 2 EL Olivenöl verrühren. Knoblauch dazupressen und mit Salz und Pfeffer würzen.
3 Den Pizzateig auf einem leicht geölten Backblech ausrollen. Mit dem Tomatenmark bestreichen. 5 Minuten gehen lassen.
4 Den Backofen auf 225 °C vorheizen.
5 Den Spinat auf einem Sieb abtropfen lassen und nochmals in Küchenpapier gut ausdrücken. Auf dem Teig verteilen. Kapern drüber streuen, eine Spur Salz und Pfeffer und mit Mozzarellascheiben belegen.
6 Die Pizza etwa 15 Minuten backen. Raus aus dem Ofen, mit Räucherlachs belegen, einen Hauch Pfeffer darüber geben und – genießen.

Zeit: 40 Minuten
+ Backzeit: 15 Minuten
Kalorien pro Portion: 680

Pizza mit Zwiebeln

Pizza pugliese

Blitzschnell und super easy

Für 2 Personen

1 Bund Frühlingszwiebeln
3 weiße Zwiebeln · 1 Knoblauchzehe
125 g Mascarpone
1-2 EL Olivenöl · Salz
Pfeffer aus der Mühle
1 Packung (230 g) Pizzateig auf Backpapier, liegt im Kühlregal bei den Fertigteigen
1 TL Oreganoblättchen · 1 EL Kapern
5 EL frisch geriebener Pecorino

1 Die Frühlingszwiebeln putzen und in Stücke schneiden. Die Zwiebeln in Ringe schneiden. Den Knoblauch durch eine Presse zum Mascarpone drücken. Mit Olivenöl verrühren und mit Salz und Pfeffer würzen.
2 Den Backofen auf 220 °C vorheizen.
3 Den Pizzaboden auf einem Backblech entrollen und mit Mascarpone bestreichen. Frühlingszwiebeln und Zwiebelringe darauf verteilen. Nochmals ein bis zwei Umdrehungen aus der Pfeffermühle drüber. Und jetzt nur noch Oregano, Kapern und Pecorino draufstreuen. Im Ofen 15-20 Minuten backen.

Zeit: 20 Minuten
+ Backzeit: 15-20 Minuten
Kalorien pro Portion: 815

Kartoffel-Pizza

Focaccia sarda

Geduld und ein bisschen Handarbeit garantieren gutes Gelingen ...

Für 4-6 Personen

1/2 Würfel frische Hefe
250 g Mehl· Zucker
1/8 l Milch, lauwarm
300 g Kartoffeln, mehligkochend
Salz
Für den Belag:
4 EL Olivenöl
2 Zwiebeln, gewürfelt
2 Knoblauchzehen, gewürfelt
2 Tassen gehäutete, gewürfelte Tomaten (von 500 g)
Pfeffer aus der Mühle
2 EL gehackte Petersilie
200 g Schafskäse

1 Die Hefe zerbröckeln und mit 1 gehäuften EL Mehl und 1 Prise Zucker mit der Milch verrühren. Beiseite stellen, damit die Hefe gehen kann.
2 Die Kartoffeln mit Schale in Salzwasser gar kochen.
3 2 EL Olivenöl in einem Topf erhitzen. Zwiebeln und Knoblauch darin leicht anbraten. Die Tomaten zugeben, Deckel drauf und 5 Minuten dünsten. Dann den Deckel abnehmen und die Tomaten etwas einkochen lassen. Mit Salz, Pfeffer und 1 Prise Zucker abschmecken. Die Petersilie darunter rühren.
4 Die Kartoffeln abgießen, pellen (die heißen Kartoffeln auf einen Kartoffelpieker stecken!) und sofort durch eine Kartoffelpresse drücken. Etwas abkühlen lassen. In der Zwischenzeit schon mal den Schafskäse zerbröckeln.
5 Restliches Mehl mit der Hefemilch, 1/2 TL Salz und den Kartoffeln zu einem glatten Teig verkneten. Ein Geschirrtuch auf die Schüssel legen und den Teig weitere 30 Minuten gehen lassen.
6 Den Backofen auf 200 °C vorheizen.
7 Ein Backblech mit dem restlichen Olivenöl einpinseln und – ausnahmsweise! – mit etwas Mehl bestäuben. Den Hefeteig darauf mit leicht bemehlten Händen zu einem Boden flach drücken.
8 Die Tomatensauce auf dem Teig verteilen und den Schafskäse darauf geben. Pfeffer drüber mahlen und 30 Minuten backen.

Zeit: 40 Minuten
+ etwa 1 Stunde, die der Teig gehen muss
+ Backzeit: 30 Minuten
Kalorien pro Portion: 525 (350)

Tipp

Der Teig soll sehr geschmeidig sein und darf nicht mehr kleben. Ist er zu weich, noch etwas Mehl darunter geben. Wenn er zu fest ist: Noch etwas Milch darunter arbeiten.

Fenchel-Pizza

Pizza ai finocchi

Einfach Klasse

Für 4-6 Personen

1 Packung (450 g) TK-Pizzateig oder
1 Pizzateig nach Grundrezept S. 72
2 Fenchelknollen
4 EL Olivenöl
1 Knoblauchzehe
Pfeffer aus der Mühle
4 Tomaten, gehäutet
50 g Salami (am besten Fenchelsalami)
100 g Ziegenfrischkäse
50 g Ricotta
etwas Schlagsahne

1 Den tiefgefrorenen Pizzateig nach Packungsanweisung auftauen lassen (oder einen Pizzateig selber machen).
2 Die Fenchelknollen sehr fein schneiden. 3 EL Olivenöl erhitzen. Den Fenchel kurz darin andünsten, Knoblauch dazupressen. Mit Pfeffer würzen. Tomaten in Spalten schneiden und dabei die Kernchen entfernen. Die Tomaten unter den Fenchel mischen.
3 Ein Backblech mit dem restlichen Olivenöl bepinseln. Den Teig darauf ausrollen. Mit Fenchel und Salami belegen. Mit einigen Umdrehungen aus der Mühle pfeffern. 5 Minuten gehen lassen.
4 Den Backofen auf 225 °C vorheizen.
5 Ziegenkäse und Ricotta mit einer Gabel verkneten, dabei soviel Sahne untermengen, dass eine geschmeidige Masse entsteht. Den Käse auf dem Fenchel verteilen. Ab in den Ofen und etwa 15 Minuten backen.

Zeit: 40 Minuten
+ Backzeit: 15 Minuten
Kalorien pro Portion: 615 (410)

Pizza-Fladen

Focaccia mediterranea

Party-Knüller

Für 12 Personen

1 Packung (450 g) TK-Pizzateig oder
1 Pizzateig nach Grundrezept S. 72
4 EL Pinienkerne
2 EL Rosmarinnadeln
2 TL Thymianblättchen
1 Tasse gehäutete, gewürfelte Tomaten (von 250 g)
4-6 EL Olivenöl
etwas grobes Salz
Pfeffer aus der Mühle

1 Den tiefgefrorenen Pizzateig nach Packungsanweisung auftauen lassen (oder einen Pizzateig selber machen).
2 Den Pizzateig auf einem leicht geölten Backblech ausrollen. Die Pinienkerne und die Kräuter darauf streuen. Einmal mit dem Nudelholz mit leichtem Druck darüber rollen, so dass alles etwas in den Teig gedrückt wird. 5 Minuten gehen lassen.
3 Den Backofen auf 225 °C vorheizen. Den Teig mehrmals mit einer Gabel einstechen. Die Tomaten darauf verteilen und mit Olivenöl beträufeln. Nur noch etwas grobes Salz und Pfeffer aus der Mühle drüber.
4 Etwa 15 Minuten backen und in Stücke schneiden.

Zeit: 30 Minuten
+ Backzeit: 15 Minuten
Kalorien pro Portion: 170

Variationen

Die Focaccia schmeckt auch ganz simpel, also ohne Tomaten und Pinienkerne, sehr lecker! Dann allerdings etwas mehr Rosmarin und Olivenöl verwenden.
Auch super: Den Teig mit Ringen von 2-3 weißen Gemüsezwiebeln belegen und mit reichlich Olivenöl beträufeln. So ist man die Fladen in Genua am liebsten.

Spargel-Pizza

Pizza agli asparagi

Tomatenrot, spargelgrün & mozzarellaweiß ...

Für 4 Personen

1 Packung (450 g) TK-Pizzateig oder
1 Pizzateig nach Grundrezept S. 72
500 g grüner Spargel
6 EL Olivenöl
2 Knoblauchzehen
Salz · Pfeffer aus der Mühle
2 Tassen gehäutete, gewürfelte Tomaten (von 500 g)
2 EL gehackte Petersilie
250 g Mozzarella

1 Den tiefgefrorenen Pizzateig nach Packungsanweisung auftauen lassen (oder einen Pizzateig selber machen).
2 Die unteren Enden der Spargelstangen großzügig abschneiden und wegwerfen. Den Spargel schräg in feine Stücke schneiden. 3 EL Olivenöl in einer Pfanne erhitzen. Den Spargel darin 5 Minuten anbraten. Knoblauch dazupressen und mit Salz und Pfeffer würzen. Den Spargel aus der Pfanne nehmen.
3 2 EL Olivenöl in die Pfanne geben, erhitzen und die Tomaten zufügen. Kurz durchschmoren, leicht salzen und pfeffern und die Petersilie unterrühren.
4 Mozzarella in dünne Scheiben schneiden.
5 Ein Backblech leicht mit Olivenöl einpinseln. Den Pizzateig darauf ausrollen. Mit 1/3 der Mozzarellascheiben belegen. Dann die Tomaten und den Spargel darauf verteilen. Mit dem restlichen Mozzarella belegen und 5 Minuten gehen lassen.
6 Den Backofen auf 220 °C vorheizen. Das restliche Olivenöl über den Mozzarella träufeln. Das Backblech in den Ofen schieben und die Pizza 15-20 Minuten backen.

Zeit: 45 Minuten
+ Backzeit: 15-20 Minuten
Kalorien pro Portion: 660

Mini-Pizzen

Pizzette alla napoletana

Fingerfood „Bella Italia"

Für 12 Personen

1 Packung (450 g) TK-Pizzateig oder
1 Pizzateig nach Grundrezept S. 72
2 EL Olivenöl
2 Zwiebeln, gewürfelt
2 Knoblauchzehen, gewürfelt
1 kleine Dose geschälte Tomaten
1 Bund Basilikum
Salz · Pfeffer aus der Mühle
Olivenöl zum Frittieren

1 Den tiefgefrorenen Pizzateig nach Packungsanweisung auftauen lassen (oder einen Pizzateig selber machen).
2 Das Olivenöl in einem hohen Topf erhitzen. Zwiebeln und Knoblauch darin goldgelb anbraten. Die Tomaten mit der Flüssigkeit zugeben und mit einem Kochlöffel zerdrücken. Bei starker Hitze alles zu einer sämigen Sauce einkochen lassen, dabei ab und zu umrühren.
3 Den Teig auf leicht bemehlter Fläche etwa 1/2 cm dick ausrollen. Kleine Kreise (etwa 8 cm Durchmesser) ausstechen.
4 Basilikumblättchen fein schneiden und in die Tomatensauce einrühren. 1-2 Minuten mitköcheln lassen. Mit Salz und Pfeffer abschmecken.
5 In eine tiefe große Pfanne zweifingerbreit Olivenöl zum Frittieren einfüllen und erhitzen. Die Mini-Pizzen darin goldbraun frittieren. Auf Küchenpapier abtropfen lassen. Die Sauce zum Drauflöffeln extra dazu stellen.

Zeit: 1 1/4 Stunden
Kalorien pro Portion: 170

Info

So können Sie prüfen, ob das Fett die richtige Temperatur hat: Geben Sie ein Stückchen Weißbrot von Anfang an ins Fett, wenn es goldbraun ist, können Sie mit dem Frittieren loslegen.

Tipp

Die Tomatensauce mal mit etwas Aceto Balsamico oder einer Prise Fenchel würzen – schmeckt gleich anders!

Kinder-Pizza

Pizza per i bambini

Mittagessen für kleine Kreativ-Köche

Für 2 Personen

1 Dose Pizzateig (250 g) aus dem Kühlregal
1 EL Tomatenmark
1 EL Olivenöl
ein paar Scheiben Lieblingswurst, z. B. Mettwurst, Salami oder Geflügelwurst
ein paar Scheiben Tomaten
ein paar Champignons, geviertelt
etwas Pizzagewürz
4-6 EL geriebener Gratinkäse aus dem Beutel – wenn nichts anderes da ist, gehen auch Pizza- oder Toastscheibletten

1 Den Backofen schon mal auf 220 °C vorheizen.
2 Dann die Dose mit dem Pizzateig kräftig auf die Tischkante schlagen, damit sie aufspringt (zur Handhabung am besten die Packungsanweisung genau lesen).
3 Ein Backblech mit Backpapier auslegen (das spart den Abwasch!) und den Teig darauf ausrollen. Tomatenmark mit Olivenöl verrühren und auf den Teig streichen.
4 Jetzt nur noch mit Wurst- und Tomatenscheiben und Champignons belegen. Ein bisschen Pizzagewürz darauf streuen und den Käse darüber verteilen.
5 Für 15 Minuten ab in den Backofen: Zeit um die Küche aufzuräumen.
6 Die Pizza in Stücke schneiden – und fertig!

Zeit: 15 Minuten
+ Backzeit: 15 Minuten
Kalorien pro Portion: 630

Gemüse-Pizza

Pizza alle verdure

Kann sich sehen lassen - Deutsches Pizza-Experiment

Für 4 Personen

1 rote und 1 grüne Paprikaschote
8 Champignons
8 grüne Oliven, entsteint
200 g Topinambur (Sie können aber auch eine Kartoffel nehmen)
5 EL Olivenöl
2 Knoblauchzehen, gewürfelt
je 1 TL Thymian- und Oreganoblättchen
2 EL Tomatenmark
Salz · Pfeffer aus der Mühle
4 Tomaten
Für den Teig:
300 g Mehl · 1 TL Salz
4 TL Backpulver
2 Eigelb · 4 EL Milch
2 EL Olivenöl
150 g Magerquark

1 Die Paprikaschoten vierteln, putzen und in Streifen schneiden. Champignons, Oliven und Topinambur in Scheiben schneiden. 2 EL Olivenöl erhitzen. Topinambur, Knoblauch und die Kräuter darin kurz anbraten. Tomatenmark mit 2 EL Olivenöl verrühren. Mit Salz und Pfeffer würzen. Die Tomaten würfeln.
2 Für den Teig Mehl mit Salz und Backpulver in einer Schüssel mischen. Die übrigen Zutaten zufügen und alles mit den Knethaken des Handrührers zu einem glatten Teig verkneten.
4 Den Backofen auf 175 °C vorheizen.
5 Den Teig auf einem geölten Backblech ausrollen. Mit dem Tomatenmark bestreichen. Die vorbereiteten Zutaten darauf verteilen und mit dem restlichen Olivenöl beträufeln. Gleich in den Ofen schieben. 15-20 Minuten backen.

Zeit: 30 Minuten
+ Backzeit: 15-20 Minuten
Kalorien pro Portion: 570

Info

Topinambur ist eine der Kartoffel ähnliche Knolle mit leicht süßlichem Geschmack. Wer die Knollen mit ihrer dünnen Schale unter fließendem Wasser tüchtig abschrubbt, muss sie nicht schälen.

Variationen

Der Gemüsebelag ist beliebig zu variieren, z. B. mit Blumenkohl, Brokkoli, Möhren, grünen Bohnen – allerdings müssen diese Gemüsesorten vorher gegart werden.
Wer möchte, gibt noch Käse auf die Pizza.

Gemüse – Verdure
Nicht nur als Beilage ...

Farbe auf den Teller!

Als Beilage (contorno) wird Gemüse zu Fleisch und Fisch auf einem extra Teller serviert. Es kommt in die Suppe, gehört zu Antipasti, zu Pasta und Risotto und kommt als Rohkost auf den Tisch. Was also wäre die italienische Küche ohne Gemüse? Farblos!

Typisch italienisch:

Man kauft es am liebsten frisch auf dem Markt, man prüft gerne die Qualität – anfassen ist beliebt, aber auch nicht immer erlaubt –, man kocht es noch am gleichen Tag. Wird Gemüse nicht aufgebraucht, kommt es ins Gemüsefach des Kühlschranks, für den nächsten Tag.

Vorbereitung

Immer erst **kurz vor der Zubereitung** putzen, schälen und zerkleinern.

Nie in kaltes Wasser zum Frischhalten **legen**.

Auberginen (melanzane) – die Enden abschneiden. Dann am besten in Scheiben schneiden, salzen (entzieht Bitterstoffe) und beschweren. Dazu eine volle Konservendose auf einem Holzbrett drüberlegen. Auberginen vor der Weiterverarbeitung abspülen und trockentupfen.

Blattspinat (spinaci) – unbedingt mehrmals gründlich waschen, um den Sand zu entfernen, und die groben Stiele abschneiden.

Blumenkohl (cavolfiore) und **Brokkoli** (cavolbroccolo) – in Röschen teilen, den Strunk schälen und klein schneiden. Er kann mitgegart werden.

Fenchel (finocchio) – welke Außenblätter entfernen und das Gemüse in Viertel oder Achtel schneiden.

Grüne Bohnen (fagiolini verdi) – die Enden knapp abschneiden.

Grüner Spargel (asparagi) – das untere Ende der Stangen großzügig abschneiden oder das untere Drittel schälen und 2-3 cm der Enden abschneiden.

Weißer Spargel gehört in die deutsche Küche und ist in Italien eher unbekannt ...

Möhren (carote) – schälen

Paprikaschoten (peperoni) – vierteln, die weißen Kernchen entfernen und die weißen Rippen herausschneiden. Falls die Haut abgezogen werden soll: Nachschlagen im Antipasti-Kapitel, auf Seite 24.

Rosenkohl (cavolini di Bruxelles) – die äußeren Blättchen entfernen und den Strunk kreuzweise einschneiden.

Staudensellerie (sedano) – falls nötig entfädeln und in fingerlange oder kürzere Stücke schneiden.

Zucchini (zucchini) – die Enden knapp abschneiden.

Wirsing (verza) – vierteln, den Strunk herausschneiden und die Viertel quer in schmale Streifen schneiden.

Zuckerschoten (taccole) – besonders easy: einfach so verwenden.

Garzeiten:

Blattspinat 3-5 Minuten
Blumenkohl 8-10 Minuten
Brokkoli 5 Minuten
Erbsen 5 Minuten
Fenchel 15-20 Minuten
Grüne Bohnen 8-10 Minuten
Möhren 6-8 Minuten
Paprikaschoten 5 Minuten
Rosenkohl 12-15 Minuten
Spargel, grün 12-15 Minuten
Staudensellerie 3-4 Minuten
Wirsing 20 Minuten
Zuckerschoten 2-3 Minuten

Die Garmethoden

Dünsten als Beilage – Gilt für alle Gemüsesorten: Geputztes Gemüse in möglichst wenig Wasser garen. Das klappt nur in einem gut schließenden Topf, aus dem kein Wasserdampf entweichen kann. Inhaltsstoffe und Geschmack bleiben erhalten und werden nicht mit dem Kochwasser weggeschüttet. Gemüse nicht zu weich kochen, es soll noch Biss haben, also „al dente" sein. Um den Eigengeschmack von Gemüse zu erhalten, am besten getrennt garen.

Dämpfen – Die schonendste Garmethode, besonders für empfindliches Gemüse: Das Gemüse gart im Topf über Wasserdampf auf einem Siebeinsatz. Die gibt's in Haushaltswarenabteilungen oder -geschäften.

Kochen für eine Suppe – Gemüse in viel Flüssigkeit (pro Person etwa 1/4 Liter) garen. Als Basis eine Gemüsebrühe oder eine leichte Fleisch- oder Geflügelbrühe nehmen, das gibt mehr Geschmack als Wasser. Gemüse entsprechend der Garzeiten nacheinander in die Brühe geben, damit empfindliche Sorten nicht zu weich werden.

Braten – Kurzes scharfes Braten bei hoher Temperatur in etwas Olivenöl ist ideal für Paprika, Zucchini, Aubergine, grünen Spargel, Fenchel und Staudensellerie. Das Gemüse bleibt schön knackig und hat intensiven Geschmack. Knoblauch (Achtung: nicht braun werden lassen!) und hitzebeständige Kräuter (Rosmarin, Thymian, Salbei, Oregano) geben Zusatz-Aroma.

Grillen – Gemüse wie Paprika, Aubergine, Zucchini oder Fenchel mit etwas Olivenöl oder einem Kräuter-Öl einpinseln, auf dem Holzkohlengrill am Rand mitgrillen oder in einer Grillpfanne auf dem Herd „al dente" braten. Gut dazu: etwas Zitronensaft und Olivenöl.

Hülsenfrüchte

Getrocknete **Bohnen** oder **Kichererbsen** über Nacht mit kaltem Wasser bedeckt einweichen. Am nächsten Tag im Einweichwasser etwa 1 1/2 Stunden kochen. Als Alternative ist eine Dose mit fertig gegarten Bohnen immer gut. Bei **Linsen** ist das Einweichen wegen der kürzeren Garzeit (30-45 Minuten) nicht nötig. Zur besseren Bekömmlichkeit von Hülsenfrüchten etwas Natron dem Kochwasser beifügen, aber kein Salz, das verzögert den Garprozess.

Pilze

Mit einem trockenen Tuch oder einer weichen Bürste abreiben und säubern. **Niemals**: in stehendem Wasser waschen, da sie sich schnell voll saugen. Stark verschmutzte Pilze höchstens kurz unter fließendem Wasser säubern. Danach schadhafte Stellen wegschneiden. Pilze schmecken am besten, wenn sie bei starker Hitze in etwas Öl **scharf angebraten** werden, in Tomatensauce oder bei Fleischgerichten **mitschmoren**.

Es geht auch ohne Rezept:

Italienische Gemüsebeilagen werden meist ganz pur serviert, um dem Geschmack des Hauptgerichts keine Konkurrenz zu machen. Wer Fleisch oder Fisch solo serviert, z. B. Kurzgebratenes, gebratenen oder gedünsteten Fisch, macht aus der Beilage eben mehr und verfeinert sie. Ein paar Tropfen Olivenöl zum Gemüse geben, eine kleine Knoblauchzehe dazu pressen, schwenken – schmeckt schon italienisch. Mit einem Käserest – das muss nicht unbedingt ein italienischer Pecorino oder Mozzarella sein, Gouda tut's auch –, den Sie über das Gemüse reiben, unterm Grill schnell bräunen lassen. So kommen Sie in den Genuss eines Gratins. Sie haben Kräuter auf der Fensterbank? Fantastisch! Petersilie passt immer, Minze ist fein zu Möhren, Basilikum peppt Zucchini auf, Thymian und Oregano geben Intensiv-Aroma für Paprika und Aubergine. Super gut: Gemüse in etwas Basilikum-Pesto schwenken. Raffinierte Würze gibt ein Hauch abgeriebene Zitronen- oder Limettenschale. Italienienischer als geröstete Mandeln sind Pinienkerne. Aber auch ein Versuch mit Sesamsamen lohnt ...

Frühlingsgemüse

Verdure alla primavera

Knackfrisch!

Für 4 Personen
als Hauptgericht

500 g Brokkoli
1 Kohlrabi
750 g grüner Spargel
Salz
200 g Zuckerschoten
2 Bund Frühlingszwiebeln
6-8 Kirschtomaten
2 EL Butter
2 EL Olivenöl
1 Knoblauchzehe
Saft von ½ Zitrone
Pfeffer aus der Mühle
4 EL frisch geriebener Parmesan
einige Basilikumblättchen

1 Brokkoli in Röschen teilen. Die Stiele fein schneiden. Kohlrabi schälen und in feine Scheibchen schneiden. Die unteren Enden der Spargelstangen abschneiden, Spargel in 5 cm lange Stücke schneiden.
2 In einem großen Topf Wasser aufkochen. Etwas Salz zugeben. Das Gemüse darin getrennt blanchieren: (Spargel 5 Min., Brokkoli und Kohlrabi 3 Min., Zuckerschoten 2 Min.,). Das Gemüse mit kaltem Wasser abschrecken und abtropfen lassen.
3 Die Frühlingszwiebeln in 5 cm lange Stücke schneiden. Die Tomaten häuten.
4 Butter und Olivenöl in einer großen tiefen Pfanne erhitzen. Knoblauch dazupressen. Zuerst Spargel, dann Kohlrabi, Brokkoli und Zuckerschoten darin nach und nach etwa 5 Minuten dünsten. Zum Schluss die Frühlingszwiebeln und die Tomaten zufügen. Mit etwas Zitronensaft, Salz und Pfeffer abschmecken. Den Parmesan darunter mischen und mit Basilikumblättchen bestreut servieren.

Zeit: 1 Stunde
Kalorien pro Portion: 250

Tipp

Grüner Spargel ist typisch italienisch, wer möchte, kann auch weißen Spargel nehmen. Am Besten, wenn Sie dann nur Spargelköpfe kaufen, die in der Saison oft auf Märkten angeboten werden. Sie sind preiswerter als Stangenspargel, besser als Bruchspargel – sie sind einfach Spitze!

Grüne Bohnen mit Sardellen

Fagiolini con le acciughe

Pikant und easy

Für 2 Personen
als Beilage

400 g grüne Bohnen · Salz
2 Sardellenfilets
1 Knoblauchzehe
6 Walnusskernhälften
½ Bund Petersilie
2 EL Olivenöl
1 EL Butter
Pfeffer aus der Mühle

1 Die grünen Bohnen 8 Minuten in Salzwasser kochen. Kalt abschrecken und abtropfen lassen.
2 Sardellenfilets, Knoblauch, Walnüsse und Petersilie fein hacken.
3 Olivenöl und Butter erhitzen. Die feingehackten Zutaten (etwas Petersilie zum Garnieren zurückbehalten) darin 2-3 Minuten andünsten.
4 Die Bohnen zugeben und untermischen. Noch einige Minuten auf der Kochstelle lassen. Eventuell noch mit etwas Salz (Achtung: die Sardellen sind ja schon salzig!) und mit frisch gemahlenem Pfeffer abschmecken. Mit Petersilie bestreut servieren.

Zeit: 25 Minuten
Kalorien pro Portion: 235

Extras

Diese Bohnen sind eine feine Beilage zu Kurzgebratenem, z. B. zu Scallopine Seite 98/99, zur Kalbsleber Seite 104 oder zu den Involtini von Seite 105. Zum Hauptgericht werden sie mit Pellkartoffeln und weich gekochtem Ei.

Weiße Bohnen mit Tomaten

Cannellini al pomodoro

Easy – der toskanische Klassiker

Für 4 Personen
als Beilage (oder für 2 zum Sattessen)

1 große Dose weiße Bohnen (Cannellini)
4 EL Olivenöl
2 Zwiebeln, gewürfelt
1-2 Knoblauchzehen, gewürfelt
8-10 Salbeiblätter
1 Schuss Weißwein
4 Stangen Staudensellerie, fein geschnitten
2 Tassen gehäutete, gewürfelte Tomaten (von 500 g)
Salz
Pfeffer aus der Mühle
1 EL gehackte Petersilie

1 Die Bohnen auf einem Sieb abtropfen lassen.
2 Olivenöl in einem großen Topf erhitzen. Zwiebeln und Knoblauch darin glasig braten. Die Salbeiblätter in feine Streifen schneiden. Ins heiße Öl geben und einige Sekunden anbraten. Bohnen zugeben und 2-3 Minuten garen.
3 Mit einem Schuss Weißwein ablöschen. Staudensellerie und Tomaten unterrühren. Deckel drauf und etwa 15-20 Minuten bei kleiner Hitze garen.
4 Die Bohnen mit Salz und Pfeffer abschmecken und mit Petersilie bestreut servieren.

Zeit: 45 Minuten
Kalorien pro Portion: 180 (360)

Extras

Die Bohnen passen vorzüglich zur geschmorten Lammkeule. Und sie muntern eine simple Rindsroulade südländisch auf. Mal ausprobieren!

Gefüllte Paprika

Peperoni ripieni

Nein, nicht die mit Reis ...

Für 4 Personen
als Hauptgericht

4 gelbe Paprikaschoten
250 g Blattspinat
2 Brötchen
5 EL Olivenöl
1 Bund Petersilie, gehackt
80 g frisch geriebener Parmesan
1 EL Kapern
2 Knoblauchzehen
Salz
Pfeffer aus der Mühle
1 Tasse gehäutete, gewürfelte Tomaten (von 250 g)
1/8 l Gemüsebrühe (Instant)

1 Einen Deckel von jeder Paprikaschote abschneiden (beiseite legen) und die Kernchen aus den Schoten entfernen, dicke weiße Rippen ebenfalls herausschneiden.
2 Den Spinat tropfnass in einen Topf geben, Deckel drauf und 3-5 Minuten dünsten. Spinat auf einem Sieb abtropfen lassen und zusätzlich mit dem Kochlöffel ausdrücken.
3 Brötchenrinde abschneiden und die Brötchen in kleine Stückchen zupfen. Mit 4 EL Olivenöl beträufeln. Spinat grob hacken. Zusammen mit Petersilie, 2/3 Parmesan und den Kapern zum Brot geben. Knoblauch dazupressen. Mit Salz und Pfeffer abschmecken. Die Paprikaschoten damit füllen.
4 Den Backofen auf 200 °C vorheizen.
5 Mit dem restlichen Olivenöl eine Auflaufform auspinseln. Tomaten und Brühe hineingeben. Die Paprikaschoten hineinsetzen und die Paprikadeckel auflegen. Etwa 20 Minuten im Ofen backen. Mit dem restlichen Parmesan bestreut servieren.

Zeit: 45 Minuten
Kalorien pro Portion: 345

Extra

Dazu schmeckt ein grüner Salat – und für den großen Hunger das Erbsen-Risotto von Seite 68.

Tipp

Die Paprikaschoten schmecken auch kalt super. Ideal als Vorspeise oder – weil sie sich gut vorbereiten lassen – für ein großes Sommerbuffet ...

Paprikagemüse mit Tomaten

Peperonata

Wenig Arbeit – viel Genuss

Für 4 Personen
als Beilage

4 EL Olivenöl
1 kg Paprikaschoten (rot, grün, gelb)
3 Knoblauchzehen, in Scheiben
2 Tassen gehäutete, gewürfelte Tomaten (von 500 g)
Salz
Pfeffer aus der Mühle
etwas Aceto Balsamico

1 Die Paprikaschoten häuten (siehe S. 24), oder – wenn's eilig ist: mit dem Sparschäler schälen. Vierteln, die Kernchen und die weißen Innenhäute entfernen.
2 Olivenöl in einem Topf erhitzen. Paprikastücke und Knoblauch darin 5 Minuten andünsten.
3 Die Tomaten zugeben, unterrühren und bei mittlerer Hitze 15-20 Minuten köcheln lassen. Mit Salz, Pfeffer und Aceto Balsamico abschmecken.

Zeit: 30 Minuten
Kalorien pro Portion: 160

Variation

Zucchini und Zwiebeln mit andünsten und mit Oregano oder Thymian würzen.

Extras

Peperonata mit Weißbrot zu gebratenen Lammkoteletts – eine super Kombination!
Oder einfach nur als Vorspeise. Auch gut auf einem Buffet – dann unbedingt mehr davon machen. Kann sowieso nie genug sein ...

Gefüllte Gemüse, überbacken

Verdure ripiene alle genovese

Der Trick: Am Schluss grillen!

Für 2 Personen
als Hauptgericht

250 g Ricotta
130 g frisch geriebener Parmesan
1 Ei
8 Stängel Oregano
5 eingelegte grüne Peperoni
2 kleine Zucchini
1 kleine Aubergine
2 große weiße Zwiebeln
Salz
Pfeffer aus der Mühle
6 EL Olivenöl

1 Ricotta mit 100 g Parmesan und dem Ei verrühren.
2 Oreganoblättchen von den Stielen zupfen. Die Blättchen fein hacken. Peperoni längs halbieren, entkernen und sehr klein würfeln. Oregano und Peperoni unter den Ricotta rühren.
3 Zucchini und Aubergine längs halbieren. Die Hälften mit einem Teelöffel etwas aushöhlen. Die Auberginenhälften nochmals quer halbieren. Die Zwiebeln halbieren. Von den Zwiebelhälften jeweils die äußeren zwei Hautschichten vorsichtig ablösen – so entstehen 8 Zwiebelschiffchen.
4 Das Innere der Zwiebeln sowie der Zucchini und der Aubergine fein hacken. Alles unter die Ricottamasse rühren. Mit Salz und Pfeffer abschmecken.
5 Den Backofen auf 200 °C vorheizen.
6 Eine flache, große Auflaufform oder die Fettpfanne des Backofens mit 4 EL Olivenöl ausstreichen. Das Gemüse mit der Ricottamasse füllen und in die Auflaufform, bzw. auf die Fettpfanne setzen. Den restlichen Parmesan darüber streuen und mit 2 EL Olivenöl beträufeln. Im Backofen etwa 15 Minuten backen.
7 Nach Ende der Garzeit den Grill einschalten und das Gemüse kurz übergrillen.

Zeit: 1 Stunde
Kalorien pro Portion: 850

Extra

Schmeckt absolut super mit gebackenem Knoblauchbrot!

Auberginen-auflauf

Parmigiana di melanzane

Macht satt und glücklich

Für 4 Personen
als Hauptgericht

4 mittelgroße Auberginen · Salz
1 EL Olivenöl
1 Zwiebel, gewürfelt
2 Knoblauchzehen, gewürfelt
2 TL Thymianblättchen
2 EL Tomatenmark
1 Packung (500 g) gewürfelte Tomaten
1 Bund Basilikum
250 g Mozzarella
Olivenöl zum Braten
2 EL Kapern
Pfeffer aus der Mühle
1 Prise Zucker
100 g frisch geriebener Parmesan

1 Die Auberginen der Länge nach in etwa ½ cm breite Scheiben schneiden. Jede Scheibe mit etwas Salz bestreuen. Die Scheiben übereinander legen und beschweren. Dazu am besten ein Schneidebrett darauf legen und eine Konservendose darauf stellen. Gut 30 Minuten stehen lassen, um die Bitterstoffe zu entziehen.
2 Olivenöl in einem hohen Topf erhitzen. Zwiebelwürfel, Knoblauch und Thymian darin andünsten. Tomatenmark einrühren und die Tomaten zugeben. Alles verrühren und zu einer sämigen Sauce einkochen lassen.
3 Basilikumblättchen fein schneiden. Mozzarella in Scheiben schneiden.
4 Die Auberginen kurz unter fließendem Wasser abspülen und zwischen zwei Geschirrtüchern gut trockentupfen.
5 Reichlich Olivenöl in einer Pfanne erhitzen und die Auberginenscheiben darin von beiden Seiten goldbraun braten. Zum Abtropfen auf Küchenpapier legen.
6 Basilikum und Kapern unter die Tomatensauce mischen und mit Salz, Pfeffer und Zucker abschmecken.
7 Den Backofen auf 175 °C vorheizen.
8 In eine Auflaufform eine Schicht Auberginenscheiben legen, darauf Parmesan streuen, einige Mozzarellascheiben auflegen und mit einer Schicht Sauce bedecken. So fortfahren bis alle Zutaten aufgebraucht sind. Die letzte Schicht sollte Tomatensauce sein, die nochmals mit etwas Parmesan bestreut wird. Und dann ab in den Ofen und 30-40 Minuten backen.

Zeit: 1 Stunde
+ Backzeit: 30-40 Minuten
Kalorien pro Portion: 600

Tipps

Vor dem Servieren etwas abkühlen lassen, schmeckt lauwarm am besten. Vor einem leichten Hauptgang passt ein Auberginenauflauf auch als Vorspeise – dann aber die Menge halbieren oder viele Freunde einladen ...

Gemüse-pfännchen

Verdure saltate

Al dente schmeckt's am besten

Für 4 Personen
als Beilage

1 kleiner Blumenkohl · 4 Möhren
2 Zucchini · Salz · 4 EL Olivenöl
4 EL Pinienkerne
2 EL gehackte Petersilie
100 g frisch geriebener Pecorino

1 Blumenkohl in Röschen teilen. Möhren und Zucchini in Stücke schneiden. Blumenkohl und Möhren getrennt in Salzwasser garen (Blumenkohl 5, Möhren 8 Min.). Gemüse kalt abschrecken, abtropfen lassen.
2 Olivenöl erhitzen. Pinienkerne darin hell anrösten. Zucchini zugeben und kurz anbraten. Blumenkohl, Möhren und Petersilie zufügen und kurz im Olivenöl schwenken.
3 Den Backofen auf 200 °C vorheizen.
4 Das Gemüse in vier kleine, feuerfeste Eierförmchen (eine große Auflaufform tut's auch) geben. Mit dem Pecorino bestreuen und etwa 15 Minuten überbacken.

Zeit: 45 Minuten
Kalorien pro Portion: 330

Extra

Schmeckt echt lecker – sowohl zu Fisch als auch zu Fleisch...

Blumenkohlsalat

Insalata di rinforzo

Vielleicht für's nächste Picknick?

Für 4 Personen
als Beilage (oder 2 zum Sattessen)

1 Blumenkohl · Salz
1 grüne Paprikaschote
100 g Kirschtomaten
2 eingelegte Peperoni (mild oder scharf)
100 g Kräuteroliven, entsteint
2 EL Kapern
Saft von 1 Zitrone
Pfeffer aus der Mühle
6 EL Olivenöl

1 Den Blumenkohl in Röschen teilen, den Strunk in feine Stückchen schneiden. Den Blumenkohl in Salzwasser 6-8 Minuten kochen. Abgießen, kalt abschrecken und abtropfen lassen.
2 Die Paprikaschote putzen und in Streifen schneiden. Tomaten halbieren, Peperoni in Ringe schneiden.
3 Blumenkohl, Paprika, Tomaten, Peperoni, Oliven und Kapern in einer Schüssel mischen.
4 Zitronensaft mit Salz und Pfeffer verrühren. Über die Salatzutaten gießen und alles mischen. Dann das Olivenöl darüber gießen und nochmals alles mischen. Gut durchziehen lassen!

Zeit: 30 Minuten
+ 30-60 Minuten zum Durchziehen
Kalorien pro Portion: 260 (520)

Tipp

Ein Sommer-Light-Genuss, zu dem gebratene Hähnchenschenkel ebenso gut schmecken wie Frikadellen oder Kotelett.

Gefüllte Tomaten

Pomodori ripieni

Sommer-Genuss!

Für 4 Personen
als Hauptgericht

4 Fleischtomaten oder
8 mittelgroße Tomaten
1 Dose Sardinen in Öl
50 g Knoblaucholiven
1 Brötchen
6 EL Olivenöl
2 Zwiebeln, gewürfelt
1 Messerspitze geschrotete, getrocknete Peperoncini
1 Bund Petersilie, gehackt
1 TL Thymianblättchen
etwas Zitronensaft
Salz
Pfeffer aus der Mühle
4 EL frisch geriebener Parmesan

1 Von den Tomaten einen Deckel abschneiden. Die Tomaten aushöhlen und das Fruchtfleisch klein würfeln. Die Tomaten zum Abtropfen umgedreht auf einen Teller stellen.
2 Die Sardinen auf einem Sieb abtropfen lassen, dann in Stücke schneiden. Die Knoblaucholiven entsteinen (das geht am besten mit einem Kirschentsteiner, sonst das Fruchtfleisch vom Stein schneiden). Das Brötchen grob würfeln und in einem elektrischen Zerkleinerer zu Bröseln mixen.
3 4 EL Olivenöl in einer Pfanne erhitzen. Zwiebeln, Peperoncini, Petersilie und Thymian darin andünsten. Die Oliven und die Tomaten zufügen und kurz in der Pfanne schwenken.
4 Die Semmelbrösel und die Sardinen unter mischen. Mit Zitronensaft, Salz und Pfeffer abschmecken.
5 Den Backofen auf 200 °C vorheizen.
6 Die Tomaten füllen, mit Parmesan bestreuen und in eine gefettete Auflaufform setzen. Mit dem restlichen Olivenöl beträufeln. In den Ofen damit und 20-30 Minuten backen.

Zeit: 30 Minuten
+ Backzeit: 20-30 Minuten
Kalorien pro Portion: 350

Variation

Auch lecker: mit Thunfisch (aus der Dose, ohne Öl) und Mozzarella statt Parmesan. Einfach mal ausprobieren!

Minestrone
alla genovese

Suppenglück – mit einem Extra-Löffel Pesto!

Für 4 Personen
als Hauptgericht

Für die Suppe:
1 kleine Dose weiße Bohnen
1 Stange Porree (Lauch)
2 Möhren
2 Stangen Staudensellerie
2 EL Olivenöl
1 kleine Dose geschälte Tomaten
1/2 l Gemüsebrühe (Instant)
4-5 EL kleine Hörnchennudeln
Salz · Pfeffer aus der Mühle
Für den Pesto:
1 großes Bund Basilikum
2 Knoblauchzehen
6 Walnusskernhälften
40 g Parmesan
6-8 EL Olivenöl
Salz
Pfeffer

1 Die Bohnen auf einem Sieb abtropfen lassen. Das Gemüse klein schneiden.
2 Olivenöl in einem großen Topf erhitzen. Das Gemüse darin andünsten. Die Bohnen und die Tomaten zufügen. Brühe angießen, Deckel drauf und 15 Minuten bei kleinster Hitze garen.
3 Die Hörnchennudeln zufügen und unterrühren. Den Deckel nicht ganz auflegen und solange weiter köcheln lassen, bis die Nudeln gar sind. Mit Salz und Pfeffer abschmecken.
4 Für den Pesto die Basilikumblättchen von den Stielen zupfen und grob zerschneiden. Knoblauch, Walnüsse und Parmesan grob zerkleinern. 6 EL Olivenöl und die übrigen Zutaten in einen Mixer geben und zu einer sämigen Sauce pürieren. Eventuell noch etwas Olivenöl zufügen. Mit etwas Salz und Pfeffer abschmecken.
5 Den Pesto in einer Schüssel extra zur Minestrone servieren, so dass sich jeder beliebig viel davon auf die Suppe löffeln kann.

Zeit: 45 Minuten
Kalorien pro Portion: 440

Variation

Pesto mal mit Pinienkernen und Pecorino probieren! Molto italiano ...

Spargel
mit Tomaten

Asparagi al pomodoro

Die grün-rote-Koalition für Feinschmecker ...

Für 2 Personen
als Hauptgericht (für 4 als Vorspeise)

1 kg grüner Spargel · Salz
2 EL Olivenöl
1 Tasse gehäutete, gewürfelte Tomaten (von 250 g)
2 TL Kapern
2 EL Basilikum, fein geschnitten
einige Tropfen Aceto Balsamico
Pfeffer aus der Mühle
4 EL frisch geriebener Parmesan

1 Die unteren Enden der Spargelstangen abschneiden. Den Spargel etwa 10 Minuten in Salzwasser kochen.
2 Olivenöl in einer Pfanne erhitzen. Tomaten, Kapern und Basilikum in der Pfanne kurz schwenken, so dass eben alles heiß ist. Mit Aceto, Salz und Pfeffer abschmecken.
3 Den Spargel abgießen und die Tomaten darüber geben. Mit Parmesan bestreut servieren.

Zeit: 25 Minuten
Kalorien pro Portion: 320 (160)

Tipps

Zum Sattessen mit frischem Baguette für Zwei, als Vorspeise reicht's für Vier und schmeckt auch kalt.
Oder Sie machen gleich mehr – passt auch super auf ein italienisches Gemüsebuffet!

Champignons mit Aceto

Funghi all'aceto balsamico

Im Einklang mit frischem Ziegenkäse

Für 2 Personen
als Hauptgericht (für 4 als Vorspeise)

400 g Champignons
1 Bund Frühlingszwiebeln
3 EL Olivenöl
80 g frischer Ziegenkäse
1-2 EL Aceto Balsamico
Salz
Pfeffer aus der Mühle
1 Bund Petersilie, gehackt

1 Die Champignons vierteln. Frühlingszwiebeln in etwa 5 cm lange Stücke schneiden.
2 Olivenöl in einer Pfanne erhitzen. Champignons darin scharf anbraten. Frühlingszwiebeln zugeben und für 1-2 Minuten mitbraten.
3 Den Ziegenkäse in Scheiben oder in Stückchen auf zwei Tellern verteilen.
4 Aceto Balsamico über die Pilze träufeln, in der Pfanne schwenken und mit etwas Salz abschmecken. Einige Umdrehungen aus der Pfeffermühle drauf, die Petersilie druntergemischt und heiß aus der Pfanne über den Ziegenkäse geben.

Zeit: 20 Minuten
Kalorien pro Portion: 320 (160)

Fenchel mit Parmesan

Finocchi al parmigiano

Noch ein Klassiker ...

Für 2 Personen
als Beilage

2 Fenchelknollen
2 EL Olivenöl
Saft von 1/2 Zitrone
2 EL gehackte Petersilie
4 EL frisch geriebener Parmesan
Pfeffer aus der Mühle

1 Die Fenchelknollen putzen und in schmale Streifen schneiden.
2 Olivenöl in einer Pfanne erhitzen. Fenchel darin kurz anbraten, Zitronensaft drübergießen und knapp 15 Minuten dünsten.
3 Petersilie und Parmesan dazugeben und in der heißen Pfanne mischen. Mit ein paar Umdrehungen aus der Pfeffermühle würzen.

Zeit: 25 Minuten
Kalorien pro Portion: 245

Tipp

Universal-Rezept für fast alle Gemüse (Möhren, Blumenkohl, Bohnen, Spargel, Kohlrabi, Zuckerschoten, Staudensellerie).
Super italienisch wird's mit feingehackter Sardelle und Kapern.

Kartoffeln mit Marsala

Patate al marsala

Italienische Gala für Kellerkinder

Für 4 Personen
als Beilage

800 g kleine Kartoffeln (am besten neue!)
4 EL Olivenöl
4 EL Butter
1/8 l trockener Marsala
1 EL Oreganoblättchen
Salz
Pfeffer aus der Mühle

1 Kartoffeln schälen. Olivenöl in einer großen Pfanne erhitzen. Die Kartoffeln darin etwa 10 Minuten braten.
1 2 EL Butter auf die Kartoffeln geben und unter Rütteln der Pfanne schmelzen lassen. Den Marsala angießen und kräftig aufkochen lassen, so dass fast die ganze Flüssigkeit verdampft.
3 Die Hitze runterschalten und die Kartoffeln unter gelegentlichem Wenden in 20-25 Minuten fertig braten. Dabei die restliche Butter nach und nach zufügen.
4 1-2 Minuten bevor die Kartoffeln fertig sind, die Oreganoblättchen mitbraten. Mit Salz und Pfeffer würzen.

Zeit: 1 Stunde
Kalorien pro Portion: 300

Ribollita

Die Berühmte aus der Toskana ...

Für 4 Personen
als Hauptgericht

2 Möhren
2 Stangen Porree (Lauch)
4 Stangen Staudensellerie
2 Zwiebeln
2 Knoblauchzehen
4 EL Olivenöl
2 TL Thymianblättchen
1 kleiner Wirsing (etwa 750 g)
1 1/2 l Gemüsebrühe (Instant)
1 kleine Dose weiße Bohnen
1 Tasse gehäutete, gewürfelte Tomaten (von 250 g)
Salz · Pfeffer aus der Mühle
250 g altbackenes Weißbrot
Olivenöl zum Beträufeln

1 Möhren, Porree und Sellerie klein schneiden. Zwiebeln und Knoblauch würfeln.
2 Olivenöl in einem großen Topf erhitzen. Gemüse, Zwiebeln, Knoblauch darin bei mittlerer Hitze 10 Minuten anbräunen. Thymian darüber streuen.
3 In der Zwischenzeit den Wirsing putzen und in grobe Stücke schneiden. Zum Gemüse geben und die Brühe angießen. Einmal umrühren. Deckel drauf und 45 Minuten bei kleiner Hitze garen.
4 Bohnen auf ein Sieb geben und abtropfen lassen. Die Bohnen in die Suppe geben. 2 bis 3 mal den Pürierstab in die Suppe halten, so dass nur ein Teil püriert wird. Aufkochen und die Tomaten zufügen. Mit Salz und Pfeffer abschmecken. Die Suppe warm halten.
5 Weißbrot in Scheiben schneiden. In einer Pfanne trocken rösten. Die Brotscheiben auf tiefe Teller verteilen. Die heiße Suppe darauf schöpfen und Olivenöl – die Menge bestimmt jeder selbst – darüber träufeln.

Zeit: 1 1/2 Stunden
Kalorien pro Portion: 550

Variation

Statt mit Wirsing mal mit Mangold probieren! Schmeckt gleich anders.

Kartoffel-Gemüse-Topf

Caponata

Gart sich von selbst im Ofen

Für 4 Personen
als Hauptgericht

750 g Kartoffeln, vorwiegend festkochend
6 EL Olivenöl
2 Zwiebeln, gewürfelt
2 Knoblauchzehen, gewürfelt
1 EL Oregano, fein geschnitten
500 g Paprikaschoten, in Stücken
1 Zucchini, in Stücken
250 g gehäutete, gewürfelte Tomaten
1/8 l Gemüsebrühe (Instant)
Salz
Pfeffer aus der Mühle

1 Die Kartoffeln schälen und in Stücke schneiden. Olivenöl in einem Bräter erhitzen. Die Kartoffeln darin anbraten. Zwiebeln, Knoblauch und Oregano zufügen und mitbraten.
2 Den Backofen auf 180 °C vorheizen.
3 Paprika, Zucchini und Tomaten zu den Kartoffeln geben und alles mischen. Brühe angießen und mit Salz und Pfeffer würzen. Einmal aufkochen lassen. Deckel auflegen und im Backofen 30-40 Minuten garen. Am Schluss noch mal mit Salz und Pfeffer abschmecken.

Zeit: 40 Minuten
+ Backzeit: 30-40 Minuten
Kalorien pro Portion: 320

Extras

Den Gemüse-Topf mit frischem Ciabatta essen.
Wie bei vielen italienischen Gerichten können Sie hier auch Parmesan darüber hobeln.
Ein Glas mit Kapern bereitgestellt, findet bestimmt den einen oder anderen Liebhaber.
Wer auf Fleisch nicht verzichten möchte, brät sich dazu noch kleine Lammkoteletts.

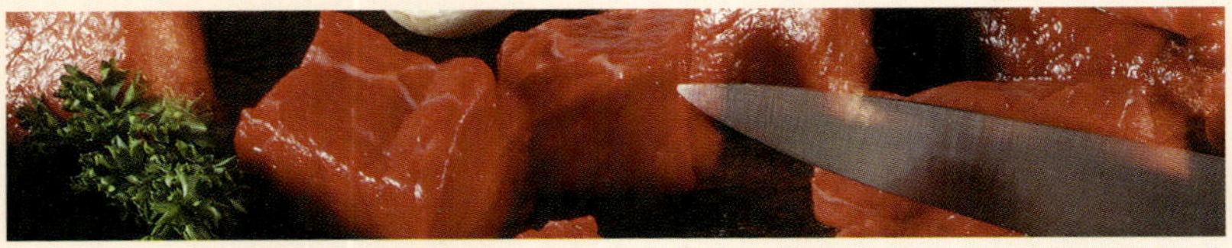

Fleisch – carne
Easy à la italiana!

Die Italiener sind eher bescheidene Fleischesser und begnügen sich mit kleinen Stückchen von Kalb, Schwein, Lamm oder Geflügel. Größere Braten wie die toscanische Arista werden Sonntags zubereitet, denn da trifft sich die ganze Familie. Und das macht Sinn. Ein großes Stück Fleisch schmort langsam im Ofen vor sich hin, macht keine Arbeit, wird nur ab und zu mal beschöpft, und ist wunderbar zart und saftig. Kompliziertes Saucenrühren ist aber weder beim Kurzgebratenen noch beim großen Braten gefragt! Nur ein Schuss Wein kommt zum kräftigen Fond à la italiana – und das ist alles. Keine Sahne, kein Mehl, kein Saucenbinder. Wunderbar ehrlich und geschmacksintensiv!

Richtig einkaufen

Wichtigste Voraussetzung für ein saftiges Stück Fleisch mit gutem Geschmack ist die Qualität! Biofleisch und -geflügel bietet hier die besten Voraussetzungen. Dazu gehören artgerechte Aufzucht und Fütterung der Tiere sowie ein sachgerechter Umgang nach der Schlachtung beim Fleischer. Das alles hat seinen Preis, wird aber mit Top-Qualität belohnt. **Rindfleisch** sollte abgehangen sein, das erkennt man an einer dunkleren Färbung. Frisches Fleischrot wirkt zwar appetitlich, spricht aber nicht für Qualität. Und auch das ist wichtig: Fett ist Geschmacks- und Aromaträger und es schützt Fleisch vorm Austrocknen. Rinderfilet und Steak mit feiner Marmorierung (das sind die feinen Fettäderchen, von denen das Fleisch durchzogen wird), ist immer besser als ein schieres, also mageres Stück ohne Fett.
Schweinefleisch muss wegen seines höheren Fettgehaltes nicht lange abhängen. Es hat eine hellrosa Farbe und ist gleichmäßig von etwas Fett durchzogen. Finger weg von rotem, festem oder grobfaserigem Schweinefleisch: Es stammt von alten Tieren!
Lammfleisch stammt von drei bis vier Monate alten Schafen, hat eine dunkle Farbe und einen kräftigen Geschmack. Lammkoteletts haben immer einen dicken Fettrand, der vor dem Braten eingeschnitten werden sollte – sonst wölbt er sich beim Braten hoch und das Fleisch wird ungleichmäßig gebräunt. Kaloriensparer sollten das Fett aber lieber erst nach dem Braten ganz entfernen – es fehlt sonst das typische Aroma ...
Frisches **Geflügel** hat eine leicht glänzende Haut, die nicht angetrocknet sein darf. Das Fett ist hell-weißlich.

Bratzeiten

Schnitzel, 5 mm dünn	**4 Min.**
Schnitzel, normal	**8-10 Min.**
Kotelett	**15-18 Min.**
Lammkotelett	**4-5 Min.**
Hähnchenbrustfilet	**10-12 Min.**
Große Braten pro Kilo:	
Helles Fleisch	**40-50 Min.**
Dunkles Fleisch	**60-75 Min.**
Poularde	**50-60 Min.**

Das richtige Fett zum Braten

Zum Braten sind hocherhitzbare Fette wie reines Pflanzenöl und Olivenöl (aber nicht das „extra vergine“!) geeignet, die in der italienischen Küche hauptsächlich verwendet werden.
Auch gut: Butterschmalz, Kokosfett und Margarine. Nie: Butter! Sie verbrennt zu schnell ...

Fleisch braten

Beim Anbraten in heißem Fett gerinnt das Fleischeiweiß und die Außenseite schließt sich – sie lässt keinen Fleischsaft mehr austreten. Ergebnis: Das Bratgut bräunt und wird außen wunderbar kross, während es innen saftig bleibt. Außerdem bilden sich beim Anbraten Röststoffe, die einen kräftigen Fond ergeben.

Kurzbraten

Darunter versteht man das schnelle Braten von Schnitzeln, Steak, Hähnchenbrustfilet und Kotelett. Die Bratzeit richtet sich dabei nach der Dicke des Fleischstücks. Angebraten wird bei starker Hitze. Beim Wenden des Bratguts die Hitze gleich auf mittlere Temperatur herunterschalten, damit das Fleisch nicht verbrennt und sanft zu Ende gebraten werden kann.

Schmoren

Die perfekte Kombination aus Anbraten und Weitergaren mit Flüssigkeit. Angebraten wird ebenfalls bei starker Hitze. Erst wenn das Fleisch ringsum gebräunt ist, die Temperatur reduzieren. Brühe oder Wein angießen und das Fleisch bei mäßiger Hitze im geschlossenen Topf auf dem Herd fertig garen.

Braten im Ofen

Empfehlenswert für große Bratenstücke wie Schweinebraten, Lammkeule und Geflügel. Den Backofen gut vorheizen, etwa bei 220 °C: Hat das Fleisch keine Fettschicht, dünn mit Öl einpinseln. Fleisch in einen Bräter legen. Beim Einschieben die Temperatur auf 160-170 °C herunter schalten Nach 30 Minuten Fleisch mit Brühe oder Wein begießen, während des Bratens ab und zu mit Fond beschöpfen. Super für Lammkeule: Für 4-6 Personen eine Keule von ca. 2 kg in den vorgeheizten Ofen schieben und dann die Temperatur sofort auf 90 °C reduzieren und das Fleisch in etwa 5 Stunden rosa garen. Ist easy und macht was her ...

Die Garprobe

Drücken Sie kurz mit dem Daumen aufs Fleisch, damit haben Sie das beste Gespür. Hitzeempfindliche nehmen den Pfannenwender oder den Gabelrücken. Je weniger das Fleisch nachgibt, um so garer ist es.

So gelingt's:

– Fleisch vor dem Anbraten gut mit Küchenpapier **trockentupfen**. Feuchtigkeit verhindert ein schnelles Anbraten.
– Fleisch erst unmittelbar **vor dem Anbraten** mit Salz und Pfeffer einreiben.
– Wird Fleisch **mariniert**, geschieht das erst ohne Salz, da das die Feuchtigkeit entzieht.
– Fleisch **am Knochen** hat eine längere Bratzeit als Fleisch ohne.
– Fleischstücke **nicht zu dicht** in die Pfanne einlegen, das vermindert die zum Braten notwendige hohe Temperatur.
– Fleisch während des Kurzbratens **öfter wenden**, so wird es gleichmäßig durchgebraten.
– Kurzgebratene Fleischstücke in der Sauce bei ausgeschalteter Kochstelle noch ein paar Minuten **ziehen lassen**.
– Große Braten vor dem Anschneiden 10 Minuten **ruhen lassen**, damit sich der Fleischsaft verteilen kann – am besten dick in Alufolie eingewickelt, damit der Braten nicht auskühlt.

Es geht auch ohne Rezept:

Bei Kurzgebratenem sind viele ratlos. Woher kommt die Sauce, wie kriege ich Geschmack ans Fleisch, was mache ich, damit's nicht langweilig schmeckt? Nichts leichter als das! Bestes Beispiel, wie hauchdünne Kalbsschnitzel zu Scaloppine werden: Der Blick des italienischen Profi-Kochs schweift erst einmal über die Hausbar. Ein Schuss Marsala, Weißwein oder trockener Vermouth – na bitte! Schmeckt schon drei Mal anders. Etwas guter Fleischfond und ein paar Kapern, das ist gut. Oder nur Zitronensaft – ist Klasse im Sommer. Tomaten aus Dose oder Packung sind noch da, wunderbar, das passt auch. Einfach im Bratensatz kurz mit anschmoren. Zum Non-Plus-Ultra gehört seit Neuestem der Schuss Aceto balsamico. Wer dazu noch frische Kräuter auf der Fensterbank hat, muss sich um ein raffiniertes Saucen-Aroma keine Sorgen mehr machen.

Ein Blick genügt –
auf die nächsten beiden Seiten ...

Easy cooking auf einen Blick:

Eine Pfanne mit hauchdünnen Kalbsschnitzelchen ... ist im Handumdrehen kurz gebraten – Aroma und Geschmack für eine typisch italienische Sauce lassen sich mit den hier gezeigten Zutaten schnell zaubern – molto piccante!

Scaletta
Capperi
con gambo

Kalbsbraten in Milch geschmort

Vitello al latte

Wenig Arbeit – tolles Ergebnis!

Für 4 Personen

750 g mageres Kalbfleisch aus der Nuss
etwas Mehl
100 g Butter
2 Porreestangen (Lauch), in dünne Ringe geschnitten
1 Knoblauchzehe, gehackt
1 l heiße Milch
etwas frischer oder 1 Msp. getrockneter Majoran
2 -3 Lorbeerblätter
Salz
Pfeffer aus der Mühle

1 Das Fleisch mit etwas Mehl bestäuben.

2 2/3 der Butter in einem Bratentopf zerlassen, das Fleisch, den Porree und den Knoblauch hineingeben und von allen Seiten langsam anbraten.

3 Sobald das Fleisch ringsherum goldgelb angebraten ist, die heiße Milch angießen, Majoran und Lorbeer zufügen, salzen, Deckel drauf und alles bei milder Hitze gut 2 Stunden schmoren lassen. Anschließend das Fleisch aus der Sauce nehmen und beiseite stellen.

4 Die Sauce durch ein Sieb gießen, zurück in den Topf geben und die restliche Butter einrühren. Sauce noch einmal aufkochen lassen.

5 Inzwischen das Fleisch aufschneiden und auf einer Platte anrichten. Mit etwas heißer Sauce überziehen, die restliche Sauce getrennt dazu auf den Tisch stellen.

Zeit: 20 Minuten
+ Schmorzeit: 2 Stunden
Kalorien pro Portion: 550

Tipp

Wenn vom Braten etwas übrig bleibt – nacht nichts! Er schmeckt auch kalt super – allerdings dann besser ohne Sauce!

Extra

Als Beilage besonders gut dazu: Bratkartoffeln aus rohen Kartoffeln. Dazu Kartoffeln schälen, in dünne Scheiben schneiden und in Olivenöl knusprig braten. Mit Salz und Majoran oder Rosmarin würzen.

Schweinekoteletts in Tomatensauce

Costolette di maiale alla pizzaiola

Easy – mit dem vollen Italien-Aroma

Für 4 Personen

4 Schweinekoteletts
Salz · Pfeffer aus der Mühle
3 EL Olivenöl
1 Zwiebel, gewürfelt
1 Knoblauchzehe, gewürfelt
1 TL Oregano, gehackt
2 Tassen gehäutete, gewürfelte Tomaten (von 500 g)
1-2 EL Tomatenmark
4-6 EL Rotwein

1 Die Koteletts von beiden Seiten salzen und pfeffern. 2 EL Olivenöl in einer großen Pfanne erhitzen. Die Koteletts darin von beiden Seiten kurz anbraten, aus der Pfanne nehmen.

2 Das restliche Olivenöl in die Pfanne geben. Die Zwiebelwürfel und den Knoblauch darin andünsten. Oregano und Tomaten zufügen und kurz einige Minuten schmoren lassen. Tomatenmark einrühren und den Rotwein angießen. Einmal aufkochen lassen. Mit Salz und Pfeffer würzen.

3 Die Koteletts in die Sauce legen und bei mäßiger Hitze (mit Deckel!) etwa 15 Minuten garen.

Zeit: 30 Minuten
Kalorien pro Portion: 360

Info

„Alla pizzaiola“ bezeichnet die Zubereitung in Tomatensauce. Bestens geeignet für alles Kurzgebratene und Fisch! Statt frischer Tomaten können Sie auch Tomaten aus Packung oder Dose nehmen – dann geht's noch schneller!

Würziger Schweinebraten

Arista al forno

Italienisches Aroma für den deutschen Sonntagsbraten ...

Für 6 Personen

4 Zweige Rosmarin
1 Bund Thymian
1 TL Fenchelsamen
6 Pfefferkörner
4 EL Olivenöl
2 TL abgeriebene Zitronenschale
Salz
1,2-1,5 kg Schweinebraten aus der Keule (ohne Schwarte)
6-8 Knoblauchzehen
¼ l Weißwein

1 Die Hälfte der Kräuter beiseite legen – sie werden später um den Braten gelegt.
2 Rosmarinnadeln und Thymianblättchen von den Stielen streifen. Zusammen mit Fenchelsamen und Pfefferkörnern in einen Mörser geben und zerstoßen, dabei nach und nach das Olivenöl darunter rühren. Unter die Würzmischung Zitronenschale und etwas Salz mengen. Wer keinen Mörser hat, gibt Kräuter und Gewürze mit etwas Salz aufs Brett und hackt alles fein.
3 Den Backofen auf 175 °C vorheizen.
4 Das Fleisch mit der Würzmischung einreiben. Einen Bräter trocken erhitzen und das Fleisch darin von allen Seiten anbraten. Beim letzten Wenden die Knoblauchzehen und die Kräuterzweige zugeben. Mit Wein begießen.
5 Im Ofen 1 ½ Stunden schmoren lassen, ab und zu mit dem Bratenfond begießen.

Zeit: 15 Minuten
+ Bratzeit: 1 ½ Stunden
Kalorien pro Portion: 470

Extra

Gut dazu: Kräuter-Risotto von Seite 65

Tipp

Noch besser (und würziger!) wird das Fleisch, wenn Sie es über Nacht in Folie gewickelt durchziehen lassen. Dann aber kein Salz an die Würzmischung geben. Salz entzieht Feuchtigkeit, das Fleisch würde trocken werden. Erst kurz vor dem Braten salzen.

Putenschnitzel in Orangensauce

Petto di tacchino all'arancia

Easy cooking mit Raffinesse

Für 4 Personen

4 Orangen
4 EL Olivenöl
1 Knoblauchzehe
Pfeffer aus der Mühle
4 Putenschnitzel
Salz
2 EL Aceto Balsamico
2 EL Zucker
einige Basilikumblättchen

1 Zwei Orangen auspressen. Olivenöl mit 4 EL Orangensaft verrühren. Knoblauch dazupressen und mit Pfeffer würzen. Die Marinade über die Putenschnitzel gießen. Mit Folie abdecken und mindestens 1 Stunde durchziehen lassen.
2 Die beiden anderen Orangen wie einen Apfel schälen, dabei die weiße Haut mit entfernen. Die Orangen in Scheiben schneiden.
3 Eine beschichtete Pfanne ohne Fett erhitzen. Die Putenschnitzel darin bei mittlerer Hitze in etwa 8 Minuten braten. Ab und zu wenden. Die Schnitzel aus der Pfanne nehmen, salzen und beiseite stellen.
4 Aceto Balsamico und Zucker in die Pfanne geben und kurz erhitzen. Den restlichen Orangensaft angießen und aufkochen. Mit Salz und Pfeffer würzen.
5 Die Orangenscheiben und die Putenschnitzel in der Sauce erwärmen. Mit Basilikumblättchen bestreut servieren.

Zeit: 20 Minuten
+ 1 Stunde zum Marinieren
Kalorien pro Portion: 405

Saltimbocca

Übersetzt: „Spring-in-den-Mund" – für Genießer-Gaumen

Für 4 Personen

4 dünne Kalbs- oder Schweineschnitzel
Salz
Pfeffer aus der Mühle
4 Scheiben Parmaschinken, dünn geschnitten
etwa 20 frische Salbeiblätter
4 EL frisch geriebener Parmesan
Holzstäbchen
2 EL Olivenöl
2 EL Butter

1 Die Schnitzel mit einem Hauch Salz und 2-3 Umdrehungen aus der Pfeffermühle würzen. Mit je einer Schinkenscheibe und zwei Salbeiblättern belegen. Parmesan darauf streuen.
2 Die Schnitzel zusammenklappen und mit einem Holzstäbchen zusammenstecken.
3 Olivenöl und Butter in einer großen Pfanne erhitzen. Die Schnitzel darin von beiden Seiten bei mittlerer Hitze pro Seite 3-4 Minuten braten. Hitze reduzieren, damit die Butter nicht verbrennt oder die Pfanne kurz von der Kochstelle ziehen! Zum Schluss die restlichen Salbeiblätter im Bratfett mitbraten.

Zeit: 15 Minuten
Kalorien pro Portion: 360

Extra

Wer's typisch italienisch mag, reicht dazu Polenta. Dazu 1 EL Zwiebelwürfel in 1 EL Butter andünsten. 1/2 l Hühnerbrühe oder Gemüsebrühe (Instant) angießen und 125 g Polenta (Maisgrieß) einstreuen. Unter Rühren bei mäßiger Hitze 5-10 Minuten ausquellen lassen. Mit Zitronensaft, Salz und Pfeffer abschmecken.
Mit Erbsen aus dem Tiefkühlfach, die einfach in etwas Butter und wenig Wasser gedünstet werden, wird's eine komplette Mahlzeit.

Hähnchenbrust mit Thunfischsauce

Pollo alla messinese

Sommerleicht!

Für 4 Personen

3/4 l Hühnerbrühe (Instant)
4 Hähnchenbrustfilets
1 Dose Thunfisch in Öl
3 EL Kapern
2 EL Mayonnaise
4 EL fein geschnittenes Basilikum
1-2 EL Zitronensaft
Salz
Pfeffer aus der Mühle
2 EL Olivenöl
2 Zucchini, in Scheiben
1 Knoblauchzehe
Basilikum zum Garnieren

1 Die Brühe in einem Topf zum Kochen bringen. Die Hähnchenbrustfilets darin etwa 12 Minuten garen.
2 Thunfisch und 2 EL Kapern in einen hohen Rührbecher geben. Mit dem Pürierstab pürieren, dabei soviel von der Hühnerbrühe angießen, dass eine sämige Sauce entsteht. Mayonnaise und Basilikum darunter rühren. Mit Zitronensaft, Salz und Pfeffer abschmecken.
3 Olivenöl erhitzen. Die Zucchini darin bei starker Hitze kurz anbraten. Knoblauch dazupressen. Mit Salz und Pfeffer würzen.
4 Die Hähnchenbrustfilets aufschneiden und auf die Zucchini legen. Die Thunfischsauce darüber gießen. Mit den restlichen Kapern und Basilikumblättchen garniert servieren.

Zeit: 20 Minuten
Kalorien pro Portion: 545

Extra

Schmeckt gut mit Weißbrot oder in Butter geschwenkten Bandnudeln!

Bollito misto

Macht wenig Arbeit – aber viele satt

Für 8-10 Personen

1 Bund Suppengrün, geputzt, in große Stücke geteilt
2 Lorbeerblätter
2 Zwiebeln, geviertelt
1 TL Pfefferkörner
1 kleine Poularde
600 g Kalbfleisch aus der Nuss
750 g Hochrippe (oder Rindernacken)
Salz
Für die Salsa verde:
2 Bund Petersilie · 3 Sardellenfilets
1-2 Knoblauchzehen · 1-2 EL Kapern
2 Eigelb · 6 EL Olivenöl
Salz · Pfeffer

1 Suppengrün, Lorbeer, Zwiebeln und Pfefferkörner in einen sehr großen Topf geben. Den Topf gut zur Hälfte mit Wasser füllen. Auf die Kochstelle setzen und zum Kochen bringen. Poularde und Fleisch einlegen. 2-3 TL Salz zufügen und erneut aufkochen. Das Fleisch muss ganz mit Wasser bedeckt sein. Das Fleisch bei geringer Hitze etwa 1 ½ Stunden gar ziehen lassen.

2 Inzwischen für die Salsa verde Petersilienblättchen von den Stielen zupfen. Petersilie, Sardellen und Knoblauch grob hacken. In einen Mixer geben. Kapern und Eigelb zufügen. Den Mixer starten und langsam das Olivenöl einlaufen lassen. Alles zu einer geschmeidigen Sauce mixen. Mit Salz und Pfeffer abschmecken.

3 Das Fleisch aus der Brühe nehmen. 10 Minuten mit Alufolie bedeckt ruhen lassen. Dann aufschneiden und mit dem Suppengemüse auf einer Platte anrichten. Die Salsa verde (grüne Sauce) extra dazu reichen.

Zeit: 20 Minuten
+ Garzeit: 1 ½ Stunden
Kalorien pro Portion: 770 (670)

Info

Zum Originalrezept gehören eigentlich noch eine gepökelte Kalbszunge – extra etwa 1 ½-2 Stunden kochen – und gelegentlich auch Zampone, ein würzig gefüllter Schweinsfuß. Da diese italienische Spezialität hier kaum zu bekommen ist, können Sie als Alternative z.B. Knoblauchwurst (Cabanossi) in den letzten 15 Minuten mitgaren. Und Zunge – na ja, entscheiden Sie selbst, ob sie das mögen ...

Geflügelleber mit Salbei

Fegatini alla salvia

Easy & gut!

Für 2 Personen

200 g Geflügelleber
Pfeffer aus der Mühle
etwas Mehl
2 EL Olivenöl
2 EL Butter
8 Salbeiblätter
1 Schuss Weißwein
Salz

1 Die Leber von Sehnen und Häutchen befreien. Mit Pfeffer würzen und leicht mit Mehl bestäuben.

2 Olivenöl und Butter in einer Pfanne erhitzen. Die Leber darin ringsherum in etwa 5 Minuten braten. Die Salbeiblätter mit ins Bratfett geben.

3 Den Bratenfond mit einem guten Schuss Weißwein ablöschen und einmal aufkochen lassen. Die Leber mit Salz würzen und mit dem Fond auf Tellern anrichten.

Zeit: 15 Minuten
Kalorien pro Portion: 380

Info

Original wird dieses Rezept mit Kalbsleber zubereitet. Aber nachdem Kalbsinnereien etwas in Verruf geraten sind, empfehlen wir Geflügelleber.

Extra

Gut dazu: Blattspinat oder der Fenchel von Seite 94.

Variationen

In Venetien wird die Leber mit Zwiebelringen (möglichst von weißen, milden Zwiebeln!) statt Salbei und mit viel gehackter Petersilie zubereitet. Statt mit Weißwein mal mit etwas Aceto balsamico ablöschen!

Kleine Kalbsröllchen

Involtini di vitello

Rouladen-Minis für Feinschmecker

Für 4 Personen

8 kleine, dünne Kalbsschnitzel
(je 50-60 g, unbedingt vom Fleischer mit der Maschine schneiden lassen)
Salz · Pfeffer aus der Mühle
1 feine Kalbsbratwurst (ungebrüht)
1 Zwiebel, fein gewürfelt
1 EL gehackte Petersilie
1 Knoblauchzehe
8 große Salbeiblätter
8 Scheiben Frühstücksspeck, dünn geschnitten
Holzstäbchen
2 EL Olivenöl
2 EL Butter
150 ml Weißwein
150 ml klare Brühe (Instant)

1 Die Fleischscheiben mit dem Handballen noch etwas flach drücken. Leicht salzen und pfeffern.

2 Kalbsbrät mit Zwiebelwürfeln und Petersilie verrühren. Den Knoblauch dazupressen. Die Kalbsschnitzel mit der Paste bestreichen. Ein Salbeiblatt darauf legen und aufrollen. Jedes Röllchen mit Frühstücksspeck umwickeln und mit Holzstäbchen zustecken.

3 Olivenöl und Butter in einer großen Pfanne erhitzen. Die Kalbsröllchen darin ringsum anbraten. Weißwein und Brühe angießen und zugedeckt 10-15 Minuten bei schwacher Hitze schmoren.

4 Die Kalbsröllchen aus der Pfanne nehmen und warm stellen. Den Bratenfond noch etwas einkochen lassen. Abschmecken und mit den Kalbsröllchen anrichten.

Zeit: 40 Minuten
Kalorien pro Portion: 670

Extra

Besonders gut dazu: das Frühlingsgemüse von Seite 86 oder Spargel mit Tomaten, Seite 92.

Zitronen-Hühnchen

Pollo al limone

Mit herrlichem Kräuterduft

Für 4 Personen

1 Poularde
Salz
Pfeffer aus der Mühle
2 Knoblauchzehen, fein gehackt
1 TL abgeriebene Zitronenschale
2 TL Thymianblättchen
2 EL gehackte Petersilie
1 EL Olivenöl
2 EL Ricotta
2 Zitronen
nach Belieben einige Zweige Thymian
1/4 l Hühnerbrühe (Instant)

1 Die Poularde innen und außen mit Salz und Pfeffer einreiben. Knoblauch, Zitronenschale, Thymian, Petersilie, Olivenöl und Ricotta verrühren.

2 Die Haut vorsichtig von der Brust und von einem Teil der Schenkel lösen ohne sie zu verletzten. Das geht am besten, wenn Sie die flache Hand langsam unter die Haut schieben (Ringe besser absetzen!) und sie auf diese Weise allmählich vom Fleisch lösen.

3 Den Backofen auf 200 °C vorheizen.

4 Die Füllung zwischen Haut und Fleisch verteilen. Die Haut wieder zurückschieben.

4 Die Poularde in einen Bräter setzen. Eine Zitrone auspressen, die zweite in Scheiben schneiden. Die Poularde mit Zitronensaft begießen und mit Zitronenscheiben (und nach Belieben mit einigen Thymianzweigen) belegen. Die Brühe angießen. Im Backofen 45-50 Minuten braten. Dabei ab und zu mit dem Bratenfond begießen.

5 Die Poularde rausnehmen und warm stellen. Die Sauce etwas einkochen lassen und abschmecken. Die Poularde mit einer Geflügelschere in Portionsstücke schneiden und mit der Sauce anrichten.

Zeit: 20 Minuten
+ Bratzeit: 45-50 Minuten
Kalorien pro Portion: 680

Lamm mit Artischocken

Agnello ai carciofi

Raffiniert und doch unkompliziert

Für 2 Personen

4 kleine Artischocken
4 EL Olivenöl
1 Knoblauchzehe, gehackt
150 ml Weißwein
Salz · Pfeffer aus der Mühle
250 g kleine, neue Kartoffeln
4 Schalotten
10 schwarze Oliven
evtl. etwas Gemüsebrühe (Instant)
400 g ausgelöster Lammrücken

1 Die Artischocken entstielen, vierteln und das „Heu" vom Artischockenboden lösen. Die äußeren Blätter abschneiden.
2 2 EL Olivenöl erhitzen. Die Artischocken darin anbraten. Knoblauch zugeben, Wein angießen und mit etwas Salz und Pfeffer würzen. Deckel drauf und bei mäßiger Hitze 30 Minuten dünsten.
3 Kartoffeln gründlich unter fließendem Wasser abbürsten und vierteln (wer möchte, kann sie natürlich auch schälen!). Die Schalotten in Spalten schneiden. Nach 15 Minuten Kartoffeln, Schalotten und Oliven zu den Artischocken geben. Ist kaum mehr Flüssigkeit vorhanden, etwas Brühe angießen.
4 Das Fleisch mit Salz und Pfeffer einreiben. Restliches Öl erhitzen und das Fleisch darin ringsum 12-15 Minuten braten.
5 Fleisch 5 Minuten ruhen lassen. In Scheiben schneiden und mit dem Gemüse anrichten.

Zeit: 45 Minuten
Kalorien pro Portion: 720

Steak mit Schinken & Pilzen

Bistecca al prosciutto e funghi

Super gut!

Für 2 Personen

50 g Parmaschinken, etwas dicker geschnitten
3 EL Olivenöl
150 g Champignons, geviertelt
2 EL gehackte Petersilie
2-3 TL Zitronensaft
Salz · Pfeffer aus der Mühle
2 Rumpsteaks

1 Den Parmaschinken in Streifen schneiden. 2 EL Olivenöl erhitzen. Bei starker Hitze den Schinken und die Champignons kurz anbraten. Petersilie zufügen. Mit etwas Zitronensaft, Salz und Pfeffer abschmecken.
2 Die Steaks mit Salz und Pfeffer würzen. Eine Grillpfanne mit dem restlichen Olivenöl einpinseln. Die Steaks darin pro Seite 3-4 Minuten braten. Mit dem restlichen Zitronensaft beträufeln. Die Champignon-Schinken-Mischung darauf verteilen.

Zeit: 30 Minuten
Kalorien pro Portion: 590

Variation

Wer kein Rindfleisch mag, nimmt einfach Putensteaks.

Medaillons gratiniert

Medaglioni di maiale alla caprese

Erst Pfanne – dann Ofen

Für 2 Personen

4 kleine Schweinemedaillons
Salz · Pfeffer aus der Mühle
2 EL Olivenöl
4 Tomatenscheiben
einige Basilikumblättchen
4 Scheiben Mozzarella

1 Den Backofen auf 200 °C vorheizen. Schweinemedaillons salzen und pfeffern. Olivenöl erhitzen und die Medaillons darin kurz von beiden Seiten anbraten.
2 Mit Tomate, Basilikum und Mozzarella belegen. Im Backofen etwa 12-15 Minuten garen.

Zeit: 20 Minuten
Kalorien pro Portion: 550

Geschmortes Kaninchen

Coniglio in umido

Super lecker!

Für 4 Personen

4 EL Olivenöl
2 EL Pinienkerne
2 EL Butter
4 Kaninchenkeulen
Salz
Pfeffer aus der Mühle
2 Knoblauchzehen
2 TL Thymianblättchen
2 TL Oreganoblättchen
4-6 Salbeiblätter
1 Schuss Rotwein
1 kleine Dose geschälte Tomaten

1 Olivenöl in einem Schmortopf erhitzen. Die Pinienkerne darin anrösten. Dann die Pinienkerne aus dem Öl nehmen und auf einen Teller geben. Beiseite stellen.
2 Die Butter zum Öl geben und kurz erhitzen. Die Kaninchenkeulen mit Salz und Pfeffer einreiben. Im heißen Fett anbraten. Den Knoblauch dazupressen und die Kräuter zufügen.
3 Einen Schuss Wein angießen und die Tomaten mit der Flüssigkeit zufügen. Deckel auflegen und 50-60 Minuten bei mäßiger Hitze schmoren.
4 Die Kaninchenkeulen aus der Sauce nehmen. Die Sauce bei starker Hitze etwas einkochen lassen. Mit Salz und Pfeffer abschmecken. Die Kaninchenkeulen wieder in die Sauce geben, kurz erwärmen. Mit Pinienkernen bestreut servieren.

Zeit: 20 Minuten
Garzeit: 50-60 Minuten
Kalorien pro Portion: 540

Extra

Dazu passen grüne Bohnen, oder im Winter Rosenkohl.

Schweinekotelett Florentiner Art

Costolette di maiale alla fiorentina

Komplett mit Kartoffeln

Für 4 Personen

Für die Kartoffeln:
1 kg kleine Kartoffeln, halbiert
2 Zwiebeln, geviertelt
6 Knoblauchzehen
2 EL Thymianblättchen
4 EL Olivenöl
Salz · Pfeffer aus der Mühle
Für die Koteletts:
4 Schweinekoteletts
Salz · Pfeffer · 2 EL Öl
1/2 Brötchen, grob zerteilt
50 g Parmesan, grob zerkleinert
1 Knoblauchzehe
2 EL gehackte Petersilie
2-3 EL weiche Butter
1/8 l Weißwein
1/8 l klare Brühe (Instant)

1 Den Backofen auf 200 °C vorheizen.
2 Kartoffeln, Zwiebeln, Knoblauch, Thymian und die Hälfte des Olivenöls mischen. Mit Salz und Pfeffer würzen. In einen Bräter geben. Im Ofen 35-40 Minuten garen. Dabei ab und zu wenden und mit dem restlichen Olivenöl beträufeln.
3 Die Koteletts mit Salz und Pfeffer würzen. Öl in einer Pfanne erhitzen. Die Koteletts darin von jeder Seite etwa 6 Minuten braten. Achtung: nach dem scharfen Anbraten gleich die Hitze herunterschalten!
4 Brötchen in einem elektrischen Zerkleinerer zu Bröseln mixen. Parmesan, Knoblauch, Petersilie und Butter zufügen und alles zu einer Paste verarbeiten. Salzen und pfeffern. Die Koteletts damit bestreichen.
5 Kartoffeln aus dem Ofen nehmen. Backofengrill einschalten und die Koteletts kurz übergrillen.
6 Den Bratenfond mit Wein und Brühe loskochen, nochmal abschmecken und alles zusammen anrichten.

Zeit: 1 Stunde
Kalorien pro Portion: 810

Tipp

Wer möchte, drückt die weichen Knoblauchzehen aus den Schalen und isst sie mit.

Entenbrust mit Oliven-Sugo

Petto d'anatra alle olive

Festessen für zwei

Für 2 Personen

1 Entenbrustfilet
Salz
Pfeffer aus der Mühle
1 EL Olivenöl
4 Zwiebeln, feingewürfelt
½ TL abgeriebene Orangenschale
100 g schwarze Oliven, entsteint, gewürfelt
2 TL Zucker
1 Tasse gehäutete, gewürfelte Tomaten (von 250 g)
2 EL gehackte Petersilie

1 Den Backofen auf 180 °C vorheizen.

2 Die Haut der Entenbrust einritzen. Entenbrust mit Salz und Pfeffer einreiben. Eine Pfanne ohne Fett erhitzen. Die Entenbrust mit der Hautseite nach unten hineinlegen und braun braten. Entenbrust wenden und die Fleischseite anbraten. Die Entenbrust auf einen Teller legen und im Backofen 12-15 Minuten braten.

3 Inzwischen das Bratfett aus der Pfanne gießen. Olivenöl hingeben. Zwiebeln und Orangenschale zufügen und die Zwiebeln 10 Minuten dünsten. Oliven unterrühren. Mit Zucker bestreuen, kurz mischen und die Tomaten zufügen. Alles einige Minuten schmoren lassen.

4 Die Entenbrust aus dem Backofen nehmen und mit Alufolie abdecken. Die Tomaten mit Salz und Pfeffer abschmecken. Die Petersilie unterziehen.

5 Die Entenbrust aufschneiden und mit der Sauce anrichten.

Zeit: 45 Minuten
Kalorien pro Portion: 520

Extra

Dazu schmeckt besonders gut in Olivenöl gedünstete Wirsing oder gedünstete Möhren.

Rinderschmorbraten in Rotwein

Brasato di manzo

Originalrezept von la Mamma ...

Für 6 Personen

1 kg Rinderschmorbraten
Salz · Pfeffer aus der Mühle
2-3 Knoblauchzehen
4 EL Olivenöl
2 Möhren, gewürfelt
2 Stangen Staudensellerie, kleingeschnitten
2 Zwiebeln, gewürfelt
2 Gewürznelken · 2 Lorbeerblätter
3/8 l Rotwein (z. B. einen Bardolino)
1 Tasse gehäutete, gewürfelte Tomaten (von 250 g)

1 Das Fleisch mit Salz und Pfeffer einreiben. Den Knoblauch in Stifte schneiden. Mit einem spitzen Küchenmesser das Fleisch etwas einstechen und die Knoblauchzehen hineindrücken.

2 Olivenöl in einem Bräter erhitzen. Das Fleisch darin ringsum anbraten. Dabei zum Schluss Möhren, Staudensellerie und Zwiebeln mit anschmoren. Nelken und Lorbeer zufügen und den Rotwein angießen. Die Tomaten einrühren. So – nun kommt der Deckel drauf und das Fleisch gart bei kleinster Hitze etwa 2 Stunden.

3 Das Fleisch aus der Sauce nehmen und auf ein Brett legen. Zum Warmhalten mit Alufolie abdecken.

4 Die Sauce durch ein Sieb in einen kleinen Topf passieren. Einmal aufkochen und mit Salz und Pfeffer abschmecken. Das Fleisch aufschneiden und zusammen mit der Sauce anrichten.

Zeit: 30 Minuten
+ Garzeit: 2 Stunden
Kalorien pro Portion: 412

Extra

Wer den Schmorbraten klassisch italienisch servieren möchte und vom Kochen gar nicht genug bekommt, reicht dazu, wie in Mailand typisch, die überbackenen Polenta-Plätzchen von Seite 70. Wer nicht mehr lange brutzeln möchte, kocht einfach Salzkartoffeln oder Bandnudeln.

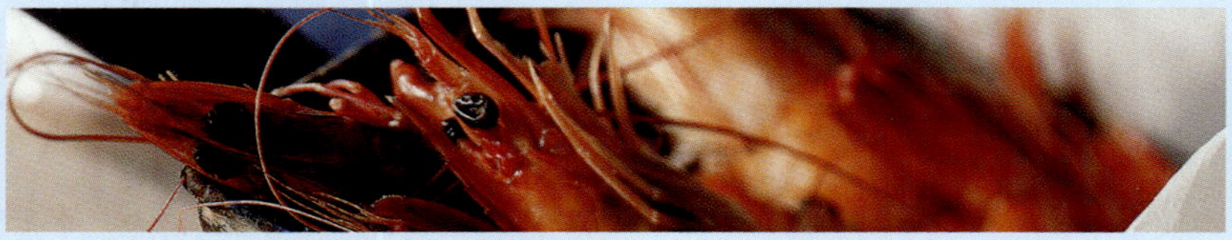

Pesce – Fische
Zum Anbeißen gut!

Die ganze Vielfalt

Die Bekanntschaft mit Fisch haben wir bereits gemacht: Pizza „frutti di mare" oder „al tonno" (mit Thunfisch), köstlich auch Spaghetti „al vongole" (mit Venusmuscheln). Jetzt aber spielt Fisch die Hauptrolle. Er gehört wie Fleisch zu den Secondi piatti, also dem Hauptgang: Gerne im Ganzen gegrillt oder gebraten. Als Fritto misto kommen Scampi, Tintenfisch und kleine Fischchen wie Sardinen frittiert auf den Tisch, heißt es „al forno" wird Fisch im Ofen gebacken. Und da die Italiener auch bei der Zubereitung ihrem Grundsatz „weniger ist mehr" treu bleiben, wird Fisch möglichst pur zubereitet, mit dem, was immer griffbereit ist: Olivenöl, Weißwein, ein paar frischen Kräutern, Knoblauch und Tomaten. So behält Fisch seinen Eigengeschmack und ist im Nu zubereitet. Genial und „easy cooking" wie's besser nicht geht.

Typische Sorten

Fisch Sardinen (sarde), Rotbarbe (triglie), Makrele (sgombro), Meeräsche (cefalo), Zahn- oder rote Goldbrasse (dentice, pagro), Thunfisch (tonno) und Schwertfisch (spada). Feiner sind Seezunge (sogliola), Meerwolf, bzw. Loup de mer (branzino), Steinbutt (rombo), echte Goldbrasse (orata). Selten sind Drachenfisch (scorfano), Forelle (trota), junger Seehecht (nasello).

Scampi und Gamberi Beide werden am häufigsten in der Schale gegrillt, ausgelöst gehören sie mit zum Frutti di mare. Man erkennt die Scampi (auf deutsch Kaisergranat) an ihren Scheren. Sie gehören zur Familie der Krebse und Hummer. Gamberi sind Garnelen, die statt Scheren Fühler haben.

Calamari & Co. Dazu gehören Seppie und Polpo. Calamari und Seppie sind Tintenfische, von denen oft nur der Körper verwendet wird: zum Grillen, Füllen (Tintenfischtuben) und Frittieren. Polpo (eine andere Bezeichnung ist Oktopus) ist die Krake und wird im Ganzen gegart. Besonders delikat sind kleine Mini-Polpeti, polipi, die nicht größer als 5-6 cm sind.

Muscheln Feine, zarte Venusmuscheln (vongole) und die kräftigeren Miesmuscheln (cozze). Beide werden in Weißwein mit Kräutern, Zwiebeln und Gemüse gegart. Miesmuscheln gibt's bei uns in den Monaten mit „R", die für Italien typischen Venusmuscheln sind bei uns leider seltener zu finden. Wenn sie keine frischen bekommen: Häufig gibt's sie tiefgefroren.

Richtig einkaufen

Oberstes Gebot bei Fisch: er muss ganz frisch sein! Und das riecht man. Frische Ware hat einen angenehmen Meergeruch. Wenn's penetrant nach Fisch riecht, ist Vorsicht geboten ... Außerdem erkennen Sie frischen Fisch an klaren Augen, feucht-roten Kiemen – und an schimmernder Haut.

Wer ganz frischen Fisch kauft, hat beim Kochen auch keinen unangenehmen Fischgeruch in der Küche.

Pro Person rechnet man:

Fisch im Ganzen 200-300 g

Fischfilet etwa 150 g

Muscheln 500 g

Vorbereitung

Das überlassen Sie dem Fischhändler: Ganze Fische schuppen und ausnehmen lassen sowie das Filetieren. Der kann's – easy! Das machen Sie selbst: **Ganze Fische** gründlich mit Wasser säubern, dabei hilft ein Ausreiben mit Salz, um Blut zu entfernen. Früher gehörte das Beträufeln mit Zitronensaft zur Vorbereitung, allerdings nur, um alten Fisch geruchsfrei zu machen. Frischer Fisch hat das nicht nötig. Am besten ist es, Fisch noch am Tag des Einkaufs zuzubereiten. Ansonsten abdecken und im Kühlschrank maximal 1-2 Tage aufbewahren.

Muscheln werden unter kaltem Wasser sehr gründlich abgebürstet. Geöffnete Muscheln gleich wegwerfen. Nur die geschlossenen wandern in den Topf. Und danach gilt: Muscheln, die sich nicht geöffnet haben, müssen ebenfalls aussortiert werden. Keine Muschelschale gewaltsam öffnen.

Zubereitung

Fisch im Ganzen Perfekt im Ofen, da die Haut den Fisch vorm Austrocknen schützt. Besonders gut: Die Beilage gleich mitgaren – also Kartoffeln in Scheiben oder geschnittene Paprika, Tomaten, Fenchel und Zucchini ... Einige Oliven und Kräuterzweige darumlegen, alles mit Olivenöl beträufeln, Weißwein angießen. Makrele, Brasse und Barbe sind auch gut auf dem Grill aufgehoben. Je nach Größe brauchen die Fische 20-30 Minuten.

Fischfilet Ist besonders empfindlich und trocknet beim Braten schnell aus. Deshalb in Mehl wenden, der zarte Film schützt vor Brathitze. Bei mittlerer Hitze pro Seite 2 Minuten braten. Sie wünschen sich noch ein kleines Sößchen? Kein Problem! Fischfilet aus der Pfanne nehmen. Weißwein angießen und aufkochen lassen. Das Mehl im Bratfett bindet gleich den Fond ein wenig. Nur noch frische Kräuter, gewürfelte Tomaten oder Kapern rein. Mehr braucht's nicht. Ebenfalls empfehlenswert: Fischfilets mit kräuterwürziger Tomatensauce übergießen, Semmelbrösel und Butterflöckchen drüber und im Ofen bei 220 Grad etwa 12 Minuten backen.

Fischsteaks werden aus den festfleischigen Fischen wie Thunfisch und Schwertfisch geschnitten. Der Vorteil: Sie müssen nicht mit störenden Gräten kämpfen. Die Steaks schmecken am besten gebraten – pro Seite je nach Dicke 3-4 Minuten. Dazu passen kräftige Kräuter wie Rosmarin und Thymian und natürlich Knoblauch.

Trend-Rezept

Rohes Fischfilet vom Meerwolf oder Thunfisch (preiswerter: Kabeljau oder Lengfisch) in hauchdünne Scheiben schneiden. Auf einem Teller ausbreiten. Mit Olivenöl und Zitronensaft (sparsam) beträufeln, ein paar Drehungen aus der Pfeffermühle drüber, unter dem Backofengrill kurz – 1-2 Minuten – garen. Mit Petersilie bestreut als Vorspeise super!

Muscheln Ein Kinderspiel ist die Zubereitung von Muscheln. Gründlich unter fließendem Wasser abbürsten, in den Topf damit, etwas Weißwein angießen, ein paar Zwiebelringe, eventuell noch eine kleine Hand voll Möhrenstreifen. Deckel drauf, Herdplatte an, und in etwa 5 Minuten sind die Muscheln gar. Petersilie drüber – fertig. Raffinierter wird's mit Fenchelsamen, einem kleinen Gläschen Anisschnaps oder frisch geschnittenem Fenchelgrün.

Scampi & Co bedürfen keiner besonderen Vorbereitung: sie werden ausgelöst oder in der Schale angeboten, (roh oder gekocht), und können gegrillt, gebraten, gekocht oder im Backofen mit Tomaten und Gewürzen zubereitet werden.

Fischfond – selbst gemacht

Beim Fischhändler gut 500 g Fischreste vom Filetieren besorgen. Mit ¼ l Weißwein und ¾ l Wasser sowie 1 Lorbeerblatt, 1 geviertelten Zwiebel und 1 Hand voll gewürfeltem Suppengrün in einen Topf geben. Zum Kochen bringen und offen 25-30 Minuten leise köcheln lassen. Nicht länger, da der Fond sonst leimig schmeckt. Durch ein feines Sieb gießen. Ergibt die beste Basis für eine Fischsuppe!

Marinierter Thunfisch

Tonno marinato

Macht sich fast von allein

Für 4 Personen

4 EL Olivenöl
Saft von 1/2 Limette
10 Blättchen frische Minze, fein geschnitten
1 Zwiebel, gewürfelt
2 Knoblauchzehen
Pfeffer aus der Mühle
4 Thunfischscheiben (je etwa 180 g)
Salz
2 Tassen gehäutete, gewürfelte Tomaten (von 500 g)
10 schwarze Oliven, entsteint, gehackt
1 EL Kapern
4 EL Weißwein
2 EL Semmelbrösel
2 EL gehackte Petersilie

1 Olivenöl mit Limettensaft, Minze und Zwiebelwürfeln verrühren. Den Knoblauch dazupressen. Mit Pfeffer würzen. Die Thunfischscheiben damit einpinseln. Mit Folie abdecken und 2 Stunden kühl gestellt marinieren.
2 Den Backofen auf 180 °C vorheizen.
3 Die Thunfischscheiben salzen und in eine flache, feuerfeste Auflaufform legen.
4 Tomaten mit den Oliven und den Kapern mischen, leicht salzen und pfeffern. Auf den Thunfischscheiben verteilen. Den Weißwein angießen und die Semmelbrösel darauf streuen. Im Ofen 20-30 Minuten backen. Den Thunfisch mit Petersilie bestreut servieren.

Zeit: 20 Minuten
+ 2 Stunden zum Marinieren
+ Backzeit: 20-30 Minuten
Kalorien pro Portion: 570

Tipp

Statt Thunfisch können Sie auch Rotbarsch-, Kabeljau- oder Seelachsfilet nehmen.

Gefüllte Tintenfische

Calamari ripieni

Garantiert easy cooking – auch wenn sich's kompliziert anhört!

Für 4 Personen

8 Tintenfischtuben (fertig zum Füllen vom Fischhändler oder tiefgefroren)
etwas Essig
400 g Lengfischfilet
1 Knoblauchzehe
1 Ei
1 Bund Petersilie, gehackt
2-3 EL Zitronensaft
3-4 EL Semmelbrösel
Salz
Pfeffer aus der Mühle
Küchengarn (weißer Zwirn ist auch gut)
4 EL Olivenöl
einige Rosmarin- und Thymianzweige
1/8 l Weißwein
1 Tasse gehäutete, gewürfelte Tomaten (von 250 g)

1 Die Tintenfischtuben kurz abspülen, mit etwas Essig beträufeln und trockentupfen.
2 Fischfilet grob würfeln und in einer Moulinette pürieren. Knoblauch dazupressen und mit Ei, Petersilie, Zitronensaft und Semmelbröseln zu einer geschmeidigen Farce rühren. Mit Salz und Pfeffer abschmecken.
3 Die Tintenfischtuben mit der Farce füllen – nicht zu stramm, da sich die Füllung noch etwas ausdehnt. Die Öffnung mit Küchengarn zunähen.
4 Den Backofen auf 200 °C vorheizen.
5 Das Olivenöl in einer Pfanne erhitzen. Die Tintenfischtuben darin ringsum anbraten. Dann in eine Auflaufform legen.
6 Kräuterzweige ins Bratfett geben, Weißwein angießen und die Tomaten zufügen. Mit Salz und Pfeffer abschmecken. Die Tomaten über die Tintenfische geben.
7 Im Ofen etwa 30 Minuten backen. Die Tintenfischtuben während dieser Zeit 1-2 mal wenden.

Zeit: 30 Minuten
+ Backzeit: 30 Minuten
Kalorien pro Portion: 325

Aal in Tomatensauce

Anguilla in umido

Schmort langsam vor sich hin

Für 4 Personen

6 EL Olivenöl
800 g frischer Aal (vom Fischhändler küchenfertig machen und in Stücke schneiden lassen)
Salz
Pfeffer aus der Mühle
1 kleine Dose geschälte Tomaten
1 Möhre, gewürfelt
2 Stangen Staudensellerie, fein geschnitten
1 Zwiebel, gewürfelt
1 Knoblauchzehe, gewürfelt
1 Schuss Weißwein
2 EL gehackte Petersilie

1 Olivenöl in einer Pfanne erhitzen. Den Aal darin kurz anbraten. Mit Salz und Pfeffer würzen und aus der Pfanne nehmen.
2 Die Tomaten auf einem Sieb abtropfen lassen, dabei die Flüssigkeit auffangen.
3 Gemüse, Zwiebelwürfel und Knoblauch im Bratfett kurz anbraten. Tomaten zufügen und mit einem Kochlöffel zerdrücken. Einen Schuss Wein angießen und etwa 10 Minuten köcheln lassen.
4 Die Aalstücke einlegen und bei mäßiger Hitze etwa 20 Minuten offen schmoren. Dickt die Sauce zu sehr ein, etwas Tomatensaft angießen. Die Sauce nochmals abschmecken und mit Petersilie bestreut servieren.

Zeit: 40 Minuten
Kalorien pro Portion: 710

Tipp

Gut zum Aal passen auch Kräuter wie Rosmarin und Thymian. In diesem Fall aber sparsam dosieren.

Kräuterforelle

Trota al forno

Einfach gut

Für 4 Personen

4 küchenfertige Forellen
Salz
Pfeffer aus der Mühle
6 EL Olivenöl
1/8 l Weißwein
1 Zwiebel, gewürfelt
2 Knoblauchzehen, gewürfelt
1 Bund Petersilie, gehackt
1 EL fein geschnittene Minze
1 TL Thymianblättchen
1 Tomate, gewürfelt

1 Den Backofen auf 200 °C vorheizen.
2 Die Forellen mit Salz und Pfeffer würzen. Eine flache feuerfeste Form mit 2 EL Olivenöl einfetten. Die Forellen hineinlegen und mit dem Weißwein begießen. Die Form mit Alufolie (wenn sie keinen Deckel hat) abdecken. 15-20 Minuten in den Ofen schieben.
4 In der Zwischenzeit das restliche Olivenöl erhitzen. Zwiebelwürfel, Knoblauch und die Kräuter darin kurz anschmoren. Die Tomatenwürfel untermischen und mit Salz und Pfeffer würzen.
5 Die Forellen auf eine Platte legen. Den Fischfond stark einkochen lassen und zu der Kräutermischung geben. Nochmals abschmecken und über die Forellen geben.

Zeit: 30 Minuten
Kalorien pro Portion: 425

Extras

Dazu passt entweder Blattspinat oder ein gemischter Salat.
Unbedingt Weißbrot zum Auftunken der Sauce dazu stellen!

Fritto misto di mare

Easy, schnell – und schmeckt wie am Meer ...

Für 4 Personen

Öl zum Frittieren
500 g Meeresfischfilets wie Seewolf, Seeteufel oder Thunfisch
200 g Tintenfischtuben (küchenfertig vom Fischhändler oder tiefgefroren)
150 g Scampi
Salz
Pfeffer aus der Mühle
Mehl zum Wenden
Zitrone zum Garnieren

1 Das Öl in einem tiefen Topf (oder in der Fritteuse) erhitzen. Den Backofen auf 100 °C vorheizen.
2 Die Fischfilets in mundgerechte Stücke, die Tintenfischtuben in Ringe schneiden.
3 Fischfilets, Tintenfischringe und Scampi mit Salz und Pfeffer würzen und im Mehl wenden. Dann portionsweise im heißen Fett goldbraun frittieren.
4 Ein Backblech dick mit Küchenpapier (das saugt überschüssiges Fett schön auf) auslegen und den Fisch im Ofen warm halten. Mit Zitrone garniert anrichten.

Zeit: 30 Minuten
Kalorien pro Portion: 390

Extra

Zum frittierten Fisch passt Baguette, wer möchte serviert dazu die Peperonata von Seite 88, den Spargel mit Tomate von Seite 92 oder den Fenchel mit Parmesan von Seite 94.

Goldbrasse aus dem Ofen

Orata al forno

Komplett mit Kartoffeln und Fenchel

Für 4 Personen

500 g Kartoffeln, vorwiegend festkochend
Salz
1 Fenchelknolle
4 Tomaten, gehäutet
1 Bund Petersilie
2 Knoblauchzehen
8 EL Olivenöl
2 EL Semmelbrösel
2 EL frisch geriebenen Parmesan
Pfeffer aus der Mühle
1 große Goldbrasse, küchenfertig
1 Schuss Weißwein

1 Die Kartoffeln schälen und in Scheiben schneiden. In Salzwasser 10 Minuten garen.
2 Fenchel fein schneiden. Fenchelgrün beiseite stellen. Tomaten und in Scheiben schneiden.
3 Kartoffeln abgießen. Petersilie und Knoblauch grob zerkleinern. Mit dem Olivenöl in einem elektrischen Zerkleinerer pürieren. Semmelbrösel und Parmesan darunter rühren. Mit Salz und Pfeffer würzen.
4 Den Backofen auf 200 °C vorheizen.
5 Eine feuerfeste Form mit der Hälfte der Kartoffeln, dem Fenchel und den Tomaten auslegen. Mit der Hälfte der Petersilien-Paste bestreichen. Goldbrasse salzen und pfeffern. Den Fisch in die Form legen. Einen Schuss Weißwein angießen. Die restlichen Zutaten darauf geben und mit der restlichen Petersilien-Paste bestreichen.
6 Ab damit in den Ofen: für 30 Minuten. Nur noch etwas gehacktes Fenchelgrün drüber und fertig ist das Essen.

Zeit: 30 Minuten
+ Backzeit: 30 Minuten
Kalorien pro Portion: 440

Variation

Dieses Gericht lässt sich auch bestens mit Fischfilet, z. B. Kabeljau, Seelachs oder Lengfisch zubereiten. Das geht noch schneller – die Garzeit verkürzt sich dann um etwa 10 Minuten.

Fischsuppe

Zuppa di pesce

Klingt so gut wie es schmeckt ...

Für 4 Personen

4 EL Olivenöl
2 Zwiebeln, gewürfelt
2 Knoblauchzehen, gewürfelt
2 Stangen Staudensellerie, fein geschnitten
2 Tassen gehäutete, gewürfelte Tomaten (von 500 g)
1 Messerspitze Anissamen
400 ml Fischfond aus dem Glas
1/4 l Weißwein
Salz
Pfeffer aus der Mühle
800 g gemischte Fischfilets (z. B. Schellfisch, Kabeljau, Lengfisch, Seehecht)
150 g Garnelen, roh, mit Schale
2 EL gehackte Petersilie

1 Olivenöl in einem großen Topf erhitzen. Zwiebeln und Knoblauch darin hellblond anbraten. Sellerie zufügen und kurz schmoren. Tomaten und Anis zufügen und einige Minuten köcheln lassen. Fischfond und Weißwein angießen und 5 Minuten leise köcheln lassen. Mit Salz und Pfeffer würzen.

2 Die Fischfilets in mundgerechte Stücke schneiden. In die Suppe geben. Erhitzen, aber nicht mehr kochen lassen! Den Fisch in der Suppe 10 Minuten gar ziehen lassen.

3 Nach 5 Minuten die Garnelen zufügen und mitgaren. Die Suppe nochmals mit Salz und Pfeffer abschmecken und mit Petersilie bestreut servieren.

Zeit: 40 Minuten
Kalorien pro Portion: 330

Gratinierte Muscheln

Cozze gratinate

Für die Monate mit „R“!

Für 4 Personen

1 kg gesäuberte Miesmuscheln
1 Schuss Weißwein
6 EL Olivenöl
1 Zwiebel, gewürfelt
3 Knoblauchzehen
500 ml gewürfelte Tomaten aus der Packung
Salz
Pfeffer aus der Mühle
4 EL gehackte Petersilie
4 EL Semmelbrösel
2 EL frisch geriebener Pecorino
2 EL Butter

1 Die Miesmuscheln in einen großen Topf geben, einen kräftigen Schuss Weißwein drangeben, Deckel drauf und 5 Minuten garen, bis sich die Muscheln geöffnet haben.

2 Die Muscheln aus dem Sud nehmen und beiseite stellen.

3 2 EL Olivenöl in einem hohen Topf erhitzen. Zwiebelwürfel darin andünsten. 1 Knoblauchzehe dazupressen. Die Tomaten und den Muschelsud einrühren und alles zu einer sämigen Sauce einkochen lassen. Mit Salz und Pfeffer abschmecken. 2 EL Petersilie untermischen. Die Sauce in einer gefetteten flachen Auflaufform verteilen.

4 Die restliche Petersilie mit dem restlichen Olivenöl, den Semmelbröseln und dem Pecorino vermischen. Butter zerlassen und zufügen. Die verbliebenen 2 Knoblauchzehen dazupressen. Mit etwas Salz und Pfeffer würzen.

5 Den Backofen auf 220 °C vorheizen.

6 Die Muscheln auseinander brechen, die leeren Schalenhälften wegwerfen und die Hälften mit den Muscheln in die Auflaufform auf die Tomaten legen. Die Semmelbrösel-Mischung auf die Muscheln geben. Ab in den Ofen und 10 Minuten überbacken.

Zeit: 1 Stunde
Kalorien pro Portion: 420

Extra

Unbedingt Weißbrot dazu stellen, um die leckere Sauce auftunken zu können! Wer möchte, macht noch einen Salat dazu.

Rotbarben mit Zitrone

Triglie al limone

Für eilige Köche

Für 4 Personen

2 Zitronen (unbehandelt)
4 EL Olivenöl
2 Knoblauchzehen, gewürfelt
2 TL Thymianblättchen
1/2 Bund Petersilie, gehackt
1 Zwiebel
4 mittelgroße Rotbarben, küchenfertig
Salz
Pfeffer aus der Mühle
12 schwarze Oliven

1 Den Backofen auf 200 °C vorheizen.
2 Eine Zitrone in dünne Scheiben schneiden, die andere auspressen. Den Zitronensaft mit Olivenöl, Knoblauch und den Kräutern verrühren.
2 Die Zwiebel in dünne Ringe schneiden. Die Rotbarben mit Salz und Pfeffer würzen. Die Rotbarben in eine Auflaufform legen. Zitronenscheiben, Zwiebelringe und Oliven mit in die Form geben. Das Zitronen-Öl darüber gießen. Jetzt nur noch im Ofen etwa 10 Minuten backen – fertig.

Zeit: 30 Minuten
Kalorien pro Portion: 360

Extra

Frisches Weißbrot passt sowieso, aber auch Gemüse. Zum Beispiel frischer Blattspinat oder, auch sehr gut: grüner Spargel mit etwas Butter und Parmesan. Oder Rucola-Salat mit Tomaten ...

Barsch mit Paprika

Pesce persico ai peperoni

Peperoni-scharf & gut!

Für 4 Personen

600 g Barschfilet (z. B. Victoria- oder Zacken-Barsch)
2 EL Mehl
Salz
Pfeffer aus der Mühle
2 Zwiebeln
2 Paprikaschoten
1 Peperoncino
8 EL Olivenöl
1 Knoblauchzehe
1 Schuss Weißwein
2 EL gehackte Petersilie

1 Fischfilet in Portionsstücke schneiden. Mehl mit Salz und Pfeffer mischen und die Fischfilets darin wenden.
2 Zwiebeln in Ringe, Paprika in Streifen schneiden, die Kerne und weißen Zwischenhäutchen dabei entfernen. Peperoncino aufschlitzen, die Kernchen entfernen und die Schote fein würfeln.
3 2 EL Olivenöl erhitzen. Zwiebeln, Paprika und Peperoncino darin andünsten. Knoblauch dazupressen. Einen kräftigen Schuss Weißwein angießen und offen etwa 5 Minuten köcheln lassen.
4 In einer zweiten Pfanne das restliche Olivenöl erhitzen. Die Fischfilets darin 6-8 Minuten braten.
5 Paprikagemüse mit Salz und Pfeffer abschmecken. Petersilie unterrühren. Paprikagemüse und Fischfilets zusammen anrichten.

Zeit: 30 Minuten
Kalorien pro Portion: 385

Variation

Schmeckt auch super mit Lauch und Champignons! Lauch dafür in nicht zu feine Ringe schneiden, Pilze je nach Größe vierteln oder halbieren. Und Peperoncino passt immer noch dazu – für den, der's scharf mag ...

Sardinen mit Tomatensalsa

Sarde al pomodoro

Würzig mariniert

Für 2 Personen

3 EL Olivenöl
je ½ TL Rosmarin, Thymian und Oregano
1 Knoblauchzehe
16 kleine Sardinen, küchenfertig
1 gelbe Paprikaschote
1 Peperoncino
4 getrocknete Tomaten
2 Tomaten
1 EL Kapern
Salz
Pfeffer aus der Mühle

1 2 EL Olivenöl mit den Kräutern verrühren. Knoblauch dazupressen. Die Sardinen innen und außen damit einpinseln. In eine Schüssel legen, mit Folie abdecken und 2 Stunden im Kühlschrank marinieren.
2 Paprikaschote vierteln, putzen und würfeln. Peperoncino längs aufschlitzen, die Kernchen herausspülen und die Schote fein hacken. Getrocknete und frische Tomaten klein würfeln. Alles mit den Kapern verrühren, kräftig mit Salz und Pfeffer abschmecken.
3 Eine Grillpfanne mit dem restlichen Olivenöl auspinseln. Die Sardinen darin von jeder Seite 2 Minuten braten. Zusammen mit der Salsa anrichten.

Zeit: 20 Minuten
+ 2 Stunden zum Marinieren
Kalorien pro Portion: 360

Tipp

Die Sardinen können Sie auch auf dem Holzkohlengrill grillen. Aber Achtung: Da die Fische sehr empfindlich sind und leicht zerfallen, sollten Sie sie am besten in eine spezielle Grill-Aluschale legen.

Knoblauch-Garnelen

Gamberoni all'aglio

Duften verführerisch und schmecken umwerfend gut!

Für 2 Personen

10 große Garnelen, roh, mit Schale
6 schwarze Oliven
6 EL Olivenöl
2 Lorbeerblätter
2-4 Knoblauchzehen, in Scheiben
2 gehäutete Tomaten, gewürfelt
1 Schuss Weißwein
Salz
Pfeffer aus der Mühle
1 EL gehackte Petersilie

1 Den Backofen auf 250 °C vorheizen.
2 Die Garnelen abspülen und mit den Oliven in eine feuerfeste Form geben.
3 Olivenöl erhitzen. Lorbeer und Knoblauch hineingeben und ein paar Sekunden andünsten. Tomaten einrühren und einen kräftigen Schuss Weißwein angießen. Mit Salz und Pfeffer würzen.
4 Heiß über die Garnelen geben. Die Form für 6-8 Minuten in den Backofen schieben. Mit Petersilie bestreut servieren.

Zeit: 15 Minuten
Kalorien pro Portion: 560

Tipp

Wenn Sie jungen Knoblauch nehmen, geben Sie 10-12 ganze Zehen ins Öl. Der Geschmack ist feiner, nicht ganz so knofelig ...
Die Garnelen schmecken auch kalt sehr gut – das wär doch auch mal was für ein kaltes Buffet!

Extra

Dazu schmeckt ein grüner Salat – und natürlich reichlich Weißbrot, um die Sauce aufzutunken.

Süßes – dolci
Desserts, Kuchen, Eis...

Was gibt's?

Die Dessertkarte der Italiener ist überschaubar: Zum Nachtisch gibt's häufig frische Früchte, Gelati oder die Klassiker wie Tiramisù, Panna cotta oder Zabaione, manchmal Kuchen. Und im Gebäck stecken viele Mandeln, frische oder kandierte Früchte.

Feine Früchtchen

Am besten schmecken reife aromatische Früchte, die Sie während der jeweiligen Saison kaufen sollten, denn ihr Fruchtzucker und -säuregehalt ist dann optimal.
Wenn möglich, Früchte lose kaufen, da sehen Sie, was Sie bekommen. Beeren und Kirschen in Schalen gleich auf einen Teller schütten, um beschädigte und schimmelige „Früchtchen" auszusortieren. Reife Zuckermelonen (Honigmelone, Galia, Charantais oder Cantalupe) erkennen Sie leicht am Duft, Wassermelonen müssen beim Draufklopfen hohl klingen. Steinobst sollte nicht steinhart sein, sonst hat es keinen Geschmack, und der Stein sitzt fest. Gibt es bei sanftem Druck leicht nach, sollten Sie zugreifen.
Tipico italiano – typisch italienisch: Obst wird unzerkleinert in einer Schale serviert (manchmal mit ein paar Eiswürfeln, um es kühl und frisch zu halten). Je nach Sorte gibt's Messer und Gabel dazu.

Für den nächsten Restaurantbesuch oder den Einkauf auf italienischen Märkten hier die Übersetzung der gebräuchlichsten Früchte:

Apfel – mela
Aprikose – albicocca
Birnen – pera
Erdbeere – fragola
Feige – fico
Heidelbeere – mirtillo
Himbeere – lampone
Kirsche – ciliegia
Melone – melone
Nektarine – pesca noce
Orange – arancia
Pfirsich – pesca
Pflaume – prugna
Traube – uva
Wassermelone – cocomero
Zitrone – limone

Fruchtsalat

Für den richtigen Mix nehmen Sie Früchte, die sich in Süße und Säure harmonisch ergänzen, wie z. B. Apfel, Orange und Banane. Oder Kirsche, Pfirsiche und Heidelbeeren. Auch sollten sich die Früchte nicht gegenseitig erdrücken: empfindliche Himbeeren werden mit „schwerer" Melone schnell matschig.

Küchenwerkzeug

Unbedingt: scharfe Küchenmesser. Luxus: Eventuell ein Kugelausstecher für Melonen. Und: Der Kirschentsteiner ist für größere Mengen sicherlich das beste Gerät. Für kleinere Mengen geht auch eine aufgebogene Büroklammer (aus Metall!) oder, wie anno dazumal, eine Haarnadel ...

Vorbereitung

Klar, Obst wird gewaschen: Empfindliche Beeren (Erdbeeren, Heidelbeeren) in stehendem Wasser, die ganz empfindlichen Himbeeren nur verlesen.
Obst immer erst kurz vor dem Servieren zubereiten. Apfel, Birne und Banane verfärben sich schnell an der Luft. Hier hilft etwas Zitronen- oder Limettensaft, mit dem die Früchte beträufelt werden.
Für Aprikosen und Pfirsiche, die gehäutet werden sollen – z.B. für einen Kuchen – gilt das Gleiche wie für Tomaten (S. 16/17).

Trendy

Klein geschnittener Obstsalat in Schalen? So hat's Oma gemacht. Im Trend: große Schnitze (z. B. Melone und Kernobst) in Bechergläser geben, nach Belieben süßen und mit Minzeblättchen garnieren!

Küchentechnik für perfekte Dolci

Wasserbad Klingt kompliziert, ist es aber nicht. Das Schaumigschlagen von Eiern und Zucker, z. B. für eine Zabaione, geschieht über Wasserdampf und verhindert das Stocken der Masse. Dazu einen Topf 5 cm hoch mit Wasser füllen und zum Kochen bringen. In einer Edelstahlschüssel, die auf den Topf passt, erst einmal die Zutaten gut verrühren. Dann die Schüssel auf den Topf mit kochendem Wasser stellen und solange mit einem Schneebesen schlagen bis eine cremige Masse entstanden ist.

Backen Bei Obstsalaten können Sie kreativ sein – beim Backen müssen Sie sich ans Rezept halten! Das heißt: Zutatenmengen und Backzeiten genau einhalten. Auch wichtig: Mandeln lassen sich nicht einfach durch andere Nüsse (oder Pinienkerne) ersetzen, da ihr unterschiedlicher Fettgehalt das Backergebnis verändert. Ansonsten ist auch Backen wirklich easy! Und ein Kuchen ist ein tolles Dessert ...

Gelati, gelati!

Granita Gefrorenes Wassereis, das zu Eiskristallen zerstoßen wird. Es besteht entweder aus Zuckersirup mit Geschmack, z. B. Zitrone oder anderem Fruchtsirup, oder gefrorenem Kaffee. Profis bereiten das Eis in der Granita-Maschine zu. Für den Hausgebrauch die Flüssigkeit in eine flache Schale geben und während des Einfrierens immer wieder durchrühren. Schmeckt auch super aus schwarzem oder grünem Tee.

Sorbetto Eine Weiterentwicklung der Granita, die aus Fruchtpüree und Zuckersirup besteht. Die cremige Konsistenz entsteht auch hier durch ständiges Rühren während des Einfrierens.

Gelato originale Pürierte Früchte und Milch ergeben das normale Speiseeis. (Für Schokoladeneis statt des Fruchtpürees Kakao in die Milch rühren.) Kommt noch geschlagene Sahne dazu und wird das Eis nur halbfest gefroren, wird es zu Semifreddo. Der hohe Fettanteil macht es leicht portionierbar – ohne viel zu Rühren, können Sie Sahneeis auch selbst im Gefrierer machen. Wer allerdings eine Eismaschine hat, ist dem echten Gelati ganz nahe.

Es geht auch ohne Rezept:

Gelati – schon das Wort zergeht auf der Zunge! Danke Italien, du hast aller Welt gezeigt, was man aus Früchten und Milch machen kann: himmlische Eiskrem! Und die schlecken wir im Sommer aus der Waffel (cono) und löffeln sie im Winter aus dem Becher. Das Eis kommt aus der Tiefkühltruhe oder aus der Eisdiele: Vanille, Erdbeer, Schokolade, Pistazie, Heidelbeere, Limone, den Zungenbrecher Stracciatella (sprich: stratschatella, meint: Eis mit Schokostückchen), Walnuss, Rhabarber und, und, und ... Daraus einen Eisbecher (coppa) zu zaubern ist einfach. Frische Früchte der Saison, gut! Plus ein Schuss Likör drüber, noch besser! Plus Pistazien, einfach Spitze – plus Amaretti, super italienisch – plus Schlagsahne (einfach die aus der Dose nehmen), sensationell!! Und das Beste daran, außer vielleicht frischen Früchten (tiefgefrorene sind schnell aufgetaut!) haben Sie die Zutaten griffbereit: für den Spontan-Genuss oder den krönenden Abschluss eines Menüs.

Ein Blick genügt -
auf die nächsten beiden Seiten ...

Easy cooking auf einen Blick:

Ein Becher mit verlockenden Eiskugeln ... dazu einen Schuss Fruchtsauce oder Likör, oder zur Abwechslung mal Früchte, Nüsse oder Schokolade: Ein cooles Vergnügen wie in der italienischen Gelateria! Alles schnell und einfach und molto delizioso!

Zabaione

Blitzschnell – aber ein Traum!

Für 4 Personen

4 Eigelb
4 EL Zucker
4 EL Marsala
abgeriebene Schale von 1/2 Zitrone

1 Alle Zutaten in einer Schüssel (sie sollte möglichst groß sein, da sich beim Aufschlagen das Volumen erheblich vergrößert!) gut verrühren. Die Schüssel aufs heiße Wasserbad setzen.
2 Mit den Rührern des Handmixers zu einer dicklichen Creme aufschlagen. Besser noch, aber nur was für kräftige Handgelenke, der Schneebesen, denn das Aufschlagen dauert etwa 8 Minuten. Die Creme in Gläser füllen und sofort servieren.

Zeit: 10 Minuten
Kalorien pro Portion: 210

Info

Achtung: Unbedingt ganz frische Eier nehmen!
Die klassische Zabaione wird mit Marsala zubereitet. Kreativ-Köche versuchen es aber auch mit Weiß- oder Rotwein, Sherry oder Sekt.

Extra

Die Zabaione über frische Früchte, z.B. Erdbeeren oder Feigen, geben.

Zitronensorbet

Sorbetto di limone

Frisch – sommerlich – molto buono!

Für 4 Personen

3 Zitronen
250 g Zucker · 1 Eiweiß

1 Die Schale der Zitronen abreiben. Den Saft (es sollten etwa 150 ml sein) auspressen und in einen Topf gießen. 350 ml Wasser, den Zucker und die Zitronenschale zufügen. Im offenen Topf 5 Minuten köcheln lassen. Dann durch ein Sieb gießen und auskühlen lassen.
2 Den Zitronensirup in die Rührschüssel der Küchenmaschine (mit eingesetztem Messer, bzw. Mixeinsatz) füllen und etwa 4 Stunden einfrieren. Jede Stunde einmal kurz durchmixen.
3 Ist das Zitronensorbet cremig, aber noch nicht fest, das verquirlte Eiweiß untermixen. Weitere 2-3 Stunden einfrieren.
4 Vor dem Servieren das Sorbet kurz durchmixen und in Gläser (am besten vorgekühlt) löffeln.

Zeit: 20 Minuten
+ ca. 7 Stunden Kühl- und Gefrierzeit
Kalorien pro Portion: 310

Tipp

Das Zitronensorbet mit Prosecco aufgießen oder mit einem Schuss Wodka servieren.

Espresso-Granité

Granita di caffè

Espresso-stark & cool ...

Für 4 Personen

1/2 l starker Espresso (frisch gebrüht!)
Zucker zum Süßen

1 Den Espresso mit Zucker nach Geschmack süßen. In eine flache Metallschüssel gießen und auskühlen lassen.
2 Die Schüssel für etwa 4 Stunden ins Gefrierfach stellen. Ab und zu durchrühren, damit sich kleine Eiskristalle bilden.
3 Kurz vor dem Servieren das Eis nochmals mit einer Gabel zerstoßen. In vorgekühlte Gläser füllen und sofort servieren.

Zeit: 10 Minuten
+ 4 Stunden Kühl- und Gefrierzeit
Kalorien pro Portion: 85

Extra

Wem das zu light ist, der kann sich ja noch einen Klecks Schlagsahne dazu gönnen!

Tiramisù

Italienische Aufforderung: „Zieh mich hoch"

Für 8 Personen

500 g Mascarpone
4 Eigelb
4 EL Zucker
1 TL fein abgeriebene Zitronenschale
1/4 l starker, kalter Espresso
4 EL Weinbrand
150-200 g Löffelbiskuits
Kakaopulver zum Bestäuben

1 Mascarpone mit Eigelb, Zucker und Zitronenschale verrühren.
2 Espresso und Weinbrand in einen tiefen Teller gießen.
3 Eine flache, rechteckige Form (das kann eine Auflaufform sein) bereit stellen. Die Hälfte der Löffelbiskuits ganz kurz in den Espresso tauchen und die Form damit auslegen. Die Hälfte der Mascarponecreme darauf verstreichen. Die übrigen Löffelbiskuits in den Espresso eintauchen und auf die Creme legen. Darauf die restliche Creme streichen. Gut durchkühlen lassen.
4 Ganz kurz vor dem Servieren Kakao in ein Sieb geben und die Creme dick damit überpudern.

Zeit: 20 Minuten
+ 1-2 Stunden Kühlzeit
Kalorien pro Portion: 450

Tipp

Genussmenschen denken nicht an Kalorien und lassen es sich einfach schmecken ... Kalorienzähler begnügen sich mit einem Mini-Stück.

Erdbeeren mit Aceto

Fragole all'aceto

Psst ... Geheimrezept aus der Emilia-Romagna

Für 4 Personen

500 g reife Erdbeeren · 1 EL Zucker
2-3 TL Aceto Balsamico
Minze zum Garnieren

1 Erdbeeren je nach Größe halbieren. Mit dem Zucker mischen. Den Aceto Balsamico darüber träufeln.
2 Abgedeckt an einem kühlen Ort (nicht im Kühlschrank!) durchziehen lassen. Mit Minzeblättchen bestreut servieren.

Zeit: 5 Minuten
+ etwa 30Minuten zum Durchziehen
Kalorien pro Portion: 70

Trendy

Die Erdbeeren kurz vor dem Servieren mit einem Hauch frisch gemahlenem rosa oder grünem Pfeffer bestreuen.

Ricottacreme mit Früchten

Ricotta ai frutti di bosco

Eins-zwei-drei: fertig!

Für 4 Personen

1 Becher Schlagsahne
250 g Ricotta
1-2 EL Zucker
je 1 Hand voll Himbeeren und Heidelbeeren
2 EL Schokoladestückchen
2 EL gehackte Pistazien
1 kleine Hand voll Amaretti

1 Die Sahne steif schlagen. Unter den Ricotta rühren und mit Zucker abschmecken.
2 Die Amaretti zerbröseln und mit den übrigen Zutaten locker unterziehen, sofort servieren.

Zeit: 10 Minuten
Kalorien pro Portion: 420

Extra

Schmeckt super zum Nachmittags-Cappuccino: die Creme auf dünn geschnittene Sandkuchenscheiben löffeln. Besonders fein, wenn Sie den Sandkuchen vorher mit Amaretto oder Rum beträufeln!

Panna cotta

Übersetzt: „Gekochte Sahne" – aber was für ein Sahnetraum!

Für 4 Personen

½ l Schlagsahne
1 Vanilleschote
4 EL Zucker
2 Blatt weiße Gelatine

1 Die Sahne in einen Topf gießen. Die Vanilleschote längs aufschneiden, das Mark herauskratzen und direkt in die Sahne geben. Die Schote und den Zucker zufügen. Bei mäßiger Hitze 10 Minuten leicht köcheln lassen.
2 Die Gelatine in kaltem Wasser einweichen.
3 Die Sahne von der Kochstelle nehmen und die Schoten herausfischen. Die Gelatine aus dem Wasser nehmen und in der heißen Sahne auflösen. Gut umrühren!
4 Die Sahne in 4 Förmchen (mit etwa 150 ml Inhalt, entsprechende Tassen gehen auch) gießen. Ab in den Kühlschrank und mindestens 6 Stunden fest werden lassen.
5 Zum Servieren die Creme mit einem Messer vom Förmchenrand lösen und auf Teller stürzen.

Zeit: 15 Minuten
+ Kühlzeit: 6 Stunden
Kalorien pro Portion: 440

Extras

Die vanille-sanfte Sahnecreme harmoniert besonders gut mit Früchten: Super im Sommer mit leicht gezuckerten Beeren, exotisch im Winter mit einer Sauce aus pürierter Mango. Im Frühjahr mit Rhabarberkompott, im Herbst mit einem Löffel Hagebuttenkonfitüre. Eine Sauce aus pürierten Himbeeren (frischen oder gefrorenen) passt immer!

Obstsalat

Macedonia di frutta

Easy & light

Für 4 Personen

1 Limette · Saft von 1 Orange
1-2 EL Amaretto
1 Apfel · 1 Birne · 1 Banane
500 g gemischte Früchte der Saison, z. B. Melone, Weintrauben oder Beeren
nach Belieben etwas Zucker zum Süßen

1 Die Limettenschale in eine große Schüssel reiben. Den Saft auspressen. Limetten- und Orangensaft sowie Amaretto in die Schüssel gießen.
2 Apfel, Birne und Banane in Stücke schneiden. Die Saisonfrüchte entsprechend schälen, entkernen und klein schneiden.
3 Alle Früchte in die Schüssel zum Saft geben und mischen. Wem's noch nicht süß genug ist, der süßt mit Zucker nach.

Zeit: 20 Minuten
Kalorien pro Portion: 170

Extra

Mal Mascarpone mit etwas Puderzucker und Milch geschmeidig rühren und auf den Obstsalat geben.

Schoko-Salami

Salami dolce

Nicht nur für Kinder!

Für 4 Personen

75 g zerlassene Butter
150 g trockene Biskuitkekse, fein zerkrümelt
1 Eigelb · 75 g Zucker · 1 EL Kakaopulver
1 kleines Gläschen Marsala
Puderzucker zum Ausrollen
Schlagsahne

1 Eigelb mit Zucker und der wieder abgekühlten Butter schaumig schlagen, Kekskrümel und Kakao drunter mischen, dabei den Marsala nach und nach zugeben. Am Schluss sollte die Masse ziemlich fest sein!
2 Auf Puderzucker zu einer dicken Wurst rollen, in Folie einschlagen und ab in den Kühlschrank, für 2 Stunden!
3 Anschließend in Scheiben schneiden und mit Schlagsahne servieren.

Zeit: 15 Minuten
+ Kühlzeit: 2 Stunden
Kalorien pro Portion: 365

Ricotta-Honig-Gratin

Miele e Ricotta

Perfektes Duo – das wussten schon die alten Römer ...

Für 6 Personen

500 g Ricotta
4 Eier
6 EL flüssiger Honig
1 Prise Zimt
1 Prise Salz
2 EL kandierte, gewürfelte Früchte
2 TL abgeriebene Zitronenschale
etwas Butter für die Form
Puderzucker zum Bestäuben

1 Den Backofen auf 175 °C vorheizen.
2 Ricotta mit 2 Eiern, Honig, Zimt und Salz in eine Schüssel geben.
3 Restlichen zwei Eier trennen. Die Eigelbe zum Ricotta geben. Alles verrühren.
4 Eiweiß steif schlagen und unterziehen. Die kandierten Früchte und die Zitronenschale unterheben.
5 Die Masse in eine ausgebutterte, flache Auflaufform geben. In den Ofen schieben und etwa 30 Minuten goldbraun backen. Mit Puderzucker bestäubt servieren.

Zeit: 15 Minuten
+ Backzeit: 30 Minuten
Kalorien pro Portion: 240

Tipp

Wählen Sie für dieses Dessert unbedingt einen aromatischen Honig aus, z.B. von Kastanie, Tanne, Linde, Orangenblüte oder Akazie!

Gefüllte Pfannkuchen mit Feigen

Crespelle con crema e fichi

Pfann-tastisch!!

Für 4 Personen

Für den Teig:
3 EL Mehl
10 EL Milch
2 Eier
1 EL Öl
1 Prise Salz
Für die Füllung:
4 Blatt weiße Gelatine
250 g Ricotta
2 EL Mascarpone
1/8 l Schlagsahne
2 EL Zucker
4 EL Orangenlikör
Außerdem:
Butterschmalz zum Backen
4 Feigen
3 EL Butter
3 EL Zucker
Saft von 1 Zitrone

1 Alle Zutaten für den Teig miteinander verrühren. Beiseite stellen.
2 Gelatine in kaltem Wasser einweichen.
3 Ricotta und Mascarpone verrühren. Sahne steif schlagen, dabei den Zucker einrieseln lassen.
4 Die Gelantine aus dem Wasser nehmen. Orangenlikör erwärmen und die Gelatine darin auflösen. In dünnem Strahl unter die Creme rühren. Sahne unterziehen. Kühl stellen.
5 Aus dem Teig in etwas heißem Butterschmalz 4 dünne Crêpes backen. Die Creme darauf streichen, Crêpes aufrollen und ab in den Kühlschrank.
6 Vor dem Servieren die Feigen vierteln. Butter und Zucker in einer Pfanne bei mäßiger Hitze hellbraun schmelzen. Zitronensaft einrühren und aufkochen. Die Feigen kurz darin erhitzen.
7 Die gut gekühlten Pfannkuchenrollen in dicke Scheiben schneiden und zusammen mit den Feigen anrichten.

Zeit: 30 Minuten
+ gut 1 Stunde Kühlzeit
Kalorien pro Portion: 650

Tipp

Noch besser: die Pfannkuchenrollen vor dem Aufschneiden eine Stunde ins Gefrierfach stellen. Die eiskalte Füllung ist eine super Kombi zu den heißen Feigen.

Melone
mit Marsala

Melone al Marsala

Quick-Dessert – easy!

Für 2 Personen

1 Cantalupe Melone
Eiswürfel
Marsala

1 Melone halbieren und die Kerne herauslöffeln.
2 Das Fruchtfleisch mit einem Löffel herauslösen und in Stücke schneiden. Zurück in die Melonenhälften füllen.
3 Zwei entsprechend große Schüsseln mit Eiswürfeln füllen und die Melonenhälften hineinsetzen. Das Melonenfruchtfleisch mit Marsala beträufeln – fertig.

Zeit: 10 Minuten
Kalorien pro Portion: 230

Info

Dieses Dessert schmeckt nur mit wirklich reifen, aromatischen Melonen. Also die Saison abwarten. Statt Cantalupe können Sie auch Galia-, Charantais- oder Netzmelonen nehmen.

Tipp

Wenn's besonders schön aussehen soll: das Fruchtfleisch aus den Melonenhälften mit einem Kugelausstecher herauslösen.

Zuppa inglese

Warum nur heißt das Traumdessert „Englische Suppe"?

Für 6 Personen

4 Eigelb
½ l Milch
4 EL Mehl
8 EL Zucker
150 g gemischte, kandierte Früchte, gewürfelt
1 Biskuitboden, 1,5 cm hoch, fertig gekauft
Marsala oder Cream Sherry zum Tränken
2 Eiweiß

1 Eigelb mit Milch, Mehl und 2 EL Zucker in einem Topf verrühren. Bei mäßiger Hitze die Milch erhitzen, dabei ständig mit einem Kochlöffel rühren, bis eine dickliche Creme entstanden ist. Die Masse darf allerdings nicht kochen! Die Creme auskühlen lassen. Erst dann die kandierten Früchte unterrühren.
2 Den Biskuit so zurechtschneiden, das er den Boden einer hohen Auflaufform (etwa 18 cm Durchmesser) bedeckt. Mit Marsala oder Sherry beträufeln. Die Creme darauf verteilen. Mit restlichem Biskuit bedecken. Diesen ebenfalls leicht beträufeln. Am besten über Nacht kühl stellen.
3 Den Backofen auf 250 °C vorheizen.
4 Das Eiweiß steif schlagen, dabei den restlichen Zucker einrieseln lassen. Eischnee auf der Speise verteilen und ab in den Ofen damit! Ganz kurz überbacken – höchstens 5-10 Minuten. Fertig!

Zeit: 35 Minuten
+ mindestens 12 Stunden Kühlzeit
+ Backzeit: 5-10 Minuten
Kalorien pro Portion: 510

Info

Dieses Rezept stammt aus Rom. In der Emilia wird die Zuppa inglese dagegen nicht mit Baiser überbacken, sondern mit Schlagsahne garniert und in Neapel wird sie mit Ricottacreme zubereitet.

Variationen

Statt der selbstgerührten Creme können Eilige auch einen Vanillepudding aus einem Päckchen kochen. Dann unter den fertigen, noch heißen Pudding ein Eigelb rühren.
Mal ausprobieren: Statt Marsala oder Sherry passt auch ganz wunderbar Rum oder eine Mischung aus Rum, Cognac und Sherry ...

Gefüllte Pfirsiche

Pesche ripiene

Heiße Love-Story

Für 4 Personen

4 große, gelbe Pfirsiche
1 EL Butter
1 Hand voll Amaretti
50 g gehackte Mandeln
1 Pck. Vanillinzucker
1 Eigelb · 10 EL Marsala
1 ½ EL Puderzucker

1 Die Pfirsiche häuten, halbieren und den Kern herauslösen. Dann die Pfirsichhälften mit einem Löffel etwas aushöhlen.
2 Eine flache Auflaufform ausbuttern und die Pfirsichhälften hineinsetzen.
3 Das Pfirsichfleisch fein hacken und in eine Schüssel geben. Die Amaretti zwischen den Fingern zerbröseln. Zusammen mit Mandeln, Vanillinzucker und Eigelb zu dem Pfirsichmus geben. Mit 1-2 EL Marsala zu einer saftigen Masse vermengen.
4 Den Backofen auf 200 °C vorheizen.
5 Die Amarettimasse in die Pfirsichhälften füllen. Den übrigen Marsala mit 1 EL Puderzucker verrühren und in die Form gießen. Im Ofen 15-20 Minuten backen. Mit dem übrigen Puderzucker bestäuben.

Zeit: 25 Minuten
+ Backzeit: 15-20 Minuten
Kalorien pro Person: 345

Variationen

Super auch mit Aprikosen. Übrigens können Sie statt frischer Früchte auch Dosenobst nehmen.
Auch gut als Variante für deutsche Bratäpfel. Dazu die Äpfel halbieren, das Kerngehäuse herausschneiden und mit der Amarettimasse füllen. Statt des Pfirsichpürees 1-2 EL Apfelmus nehmen.

Pochierte Birnen mit Safran

Pere all zafferano

Mal 'was Neues ausprobieren ...

Für 4 Personen

½ Flasche Weißwein, z. B. Soave
1 Vanilleschote
4 Nelken
4 EL Honig
1 Tütchen oder Döschen Safran
4 feste Birnen, z. B. Williams Christ
4 EL Mascarpone

1 Den Weißwein und ½ l Wasser in einen Topf gießen. Die Vanilleschote der Länge nach aufschneiden und das Mark herauskratzen. Das Mark mit der Schote, den Nelken, dem Honig und dem Safran in den Topf geben und 10 Minuten im offenen Topf köcheln lassen.
2 Die Birnen halbieren (hübsch sieht es aus, wenn der Stiel dabei dranbleibt) und schälen. Das Kerngehäuse vorsichtig herausschneiden.
3 Die Birnenhälften in den Sud geben und 10 Minuten – Deckel auflegen – bei schwacher Hitze dünsten. Die Birnen in dem Sud erkalten lassen.
4 Die Birnen aus dem Sud nehmen. Dann den Sud bei starker Hitze sirupartig einkochen.
5 Mascarpone auf Teller löffeln, die Birnen dazu legen und den Sirup darüber träufeln.

Zeit: 30 Minuten
+ ca. 1 Stunde Kühlzeit
Kalorien pro Portion: 240

Variation

Pere al Barolo, das sind pochierte Birnen in Barolo – nach der Devise: Gute Köche kochen auch mit gutem Wein! Wer lieber sein Portemonnaie schonen möchte, kann aber auch einen günstigeren italienischen Rotwein nehmen. Statt Honig nur Zucker und Nelken zugeben.

Pfirsichsalat

Pesche al Maraschino

Schmeckt nach Sommer ...

Für 4 Personen

4 reife, gelbe Pfirsiche
Saft von 1 Limette
Saft von 1/2 Orange
1 EL Puderzucker
4 EL Maraschino
2 EL Pinienkerne

1 Die Pfirsiche häuten, dann halbieren, den Stein herauslösen und die Pfirsichhälften in Spalten schneiden. In eine Schale geben.
2 Limetten- und Orangensaft mit Puderzucker und Maraschino verrühren. Über die Pfirsiche gießen. Abgedeckt an einem kühlen Ort etwa 30 Minuten durchziehen lassen.
3 Die Pinienkerne in einer Pfanne ohne Fett rösten. Die Pfirsiche auf Tellern anrichten und mit den Pinienkernen bestreuen.

Zeit: 20 Minuten
+ ca. 30 Minuten Marinierzeit
Kalorien pro Portion: 165

Variation

Statt Maraschino können Sie auch Orangen- oder Marillenlikör nehmen.

Trendy

Den Salat mit Kapuzinerkresseblüten garnieren – sieht super aus!

Geeiste Orangen

Semifreddo all'arancia

Auch cool aus Party-Überraschung

Für 2 Personen

250 ml Vanilleeis
2 Orangen
2 EL Amaretti oder 2 Löffelbiskuits (andere Kekse tun's auch)
2 EL Orangenlikör
2 TL abgeriebene Orangenschale

1 Das Vanilleeis etwas antauen lassen. Inzwischen von den Orangen einen Deckel abschneiden. Die Orangen mit einem Löffel aushöhlen (das Fruchtfleisch fürs nächste Müsli verwenden oder gleich essen).
2 Amaretti oder Löffelbiskuits zerbröseln und mit Orangenlikör tränken. In die Orangen geben.
3 Das Vanilleeis mit der abgeriebenen Orangenschale verrühren und das Eis in die Orangen füllen. Die Orangendeckel wieder auflegen und 1-2 Stunden einfrieren.

Zeit: 15 Minuten
+ 1-2 Stunden Gefrierzeit
Kalorien pro Portion: 180

Variation

Schmeckt auch sehr gut mit Zitronen, dann allerdings lieber Wodka verwenden ...

Espresso-Schaum

Mousse al caffé

Eine Sünde wert!

Für 4 Personen

100 g Zartbitter-Schokolade
4 TL Instant-Kaffeepulver
1/4 l Schlagsahne
1 Pck. Vanillinzucker
1 Prise Salz
2 EL Sambuca
Kakao zum Bestäuben

1 Die Schokolade in Stücke brechen und im heißen Wasserbad schmelzen. Dabei ab und zu umrühren. Handwarm abkühlen lassen. Aber aufpassen, dass die Schokolade nicht zu fest wird.
2 Kaffeepulver in 3 EL heißem Wasser auflösen. Die Sahne steif schlagen, dabei Vanillinzucker und Salz zufügen.
3 Mit einem Schneebesen die Schokolade, den Kaffee und den Sambuca unter die Schlagsahne ziehen. Macht was her, wenn Sie den Espresso-Schaum in Espressotassen füllen. Mit Kakao bestäubt servieren.

Zeit: 20 Minuten
Kalorien pro Portion: 360

Extra

Den Espresso-Schaum über Rumtopffrüchte geben.

Karamell-Risotto

Risotto dolce al caramello

Die italienische Antwort auf den deutschen Milchreis

Für 4 Personen

3 EL Zucker
3 EL Butter
1 EL gehackte Mandeln
100 g Risottoreis
3/8 l Orangensaft
100 ml Aprikosensaft
8 Aprikosen, gehäutet
100 g Himbeeren
einige Minzeblättchen zum Garnieren

1 Den Zucker in einem Edelstahltopf goldbraun karamellisieren lassen. Dann erst einmal den Topf vom Herd ziehen, damit der Karamell nicht zu dunkel wird. 2 EL Butter, Mandeln und Reis einrühren.
2 Topf zurück auf die Kochstelle setzen. Unter ständigem Rühren nach und nach den Orangensaft angießen – der Reis sollte dabei immer mit Saft bedeckt sein. Den Reis auf diese Weise garen, dass dauert etwa 20-25 Minuten. Als letztes den Aprikosensaft angießen: Am Schluss muss der Reis sämig sein. Zuletzt die restliche Butter unterrühren.
3 Die Aprikosen würfeln. Zusammen mit den Himbeeren unter den Reis ziehen. Mit Minzblättchen garniert anrichten.

Zeit: 40 Minuten
Kalorien pro Portion: 387

Tipp

Karamell-Risotto ist ein super Dessert nach einem leichten Hauptgang wie z.B. den gefüllten Tomaten (Seite 91).

Mandeltorte

Torta di mandorle

Simpel aber gut!

Für 16 Stücke

4 Eier
150 g Zucker
1 Pck. Vanillinzucker
1 Tütchen Amaretto-Bittermandel-Aroma
1 TL abgeriebene Zitronenschale
100 g gemahlene Mandeln
50 g Mehl
1/2 Pck. Backpulver
Puderzucker zum Bestäuben

1 Den Backofen auf 180 °C vorheizen.
2 Die Eier trennen. Eiweiß steif schlagen, dabei nach und nach die Hälfte des Zuckers einrieseln lassen.
3 Die Eigelbe mit dem restlichen Zucker, Vanillinzucker, Amaretto-Bittermandel-Aroma und Zitronenschale schaumig rühren. Die Eigelbcreme unter den Eischnee ziehen.
4 Mandeln, Mehl und Backpulver mischen und alles vorsichtig unter die Eier heben.
5 Den Boden einer Springform mit Backpapier auslegen. Den Teig einfüllen und etwa 45 Minuten backen. Sollte der Teig zu dunkel werden, mit Alufolie oder Backpapier abdecken.
6 Die Torte 10-15 Minuten in der Form abkühlen lassen. Dann aus der Form nehmen und auf einem Kuchengitter auskühlen lassen. Mit Puderzucker bestäuben.

Zeit: 20 Minuten
+ Backzeit: 45 Minuten
Kalorien pro Stück: 120

Variationen

Dieser lockere Mandel-Biskuitkuchen schmeckt super mit einer Kugel Eiskrem.
Sie können den Kuchen auch noch mit Schokoladenglasur überziehen und mit Mandeln verzieren. Die Glasur schützt vor dem Austrocknen.

Cantucci

Mühelos: Mandelkekse einfach von der Rolle schneiden

Für ca. 100 Stück

250 g Mandeln
3 Eier
200 g Zucker
1 Prise Salz
2 Tütchen Vanille-Aroma
400 g Mehl
½ Pck. Backpulver

1 Die Mandeln in einer Pfanne kurz anrösten.
2 Die Eier trennen. Das Eiweiß steif schlagen und dabei 100 g Zucker und das Salz einrieseln lassen. Die Eigelbe mit dem restlichen Zucker, 1 EL heißem Wasser und dem Vanille-Aroma cremig schlagen. Die Eigelbcreme mit einem Schneebesen unter den Eischnee ziehen.
3 Das Mehl mit dem Backpulver mischen. Soviel Mehl mit den Knethaken des Handrührers unter die Eiercreme arbeiten, bis eine feste Masse entstanden ist. Dann das restliche Mehl und die Mandeln mit den Händen darunter kneten.
4 Den Backofen auf 175 °C vorheizen.
5 Aus dem Teig mit bemehlten Händen Rollen mit etwa 2 cm Durchmesser in Backblechlänge formen. Die Teigrollen auf ein mit Backpapier ausgelegtes Backblech legen und etwa 35 Minuten backen.
6 Die Teigrollen sofort nach dem Backen sehr schräg in etwa 1 cm breite Streifen schneiden, wieder in den Ofen schieben und noch einmal 10 Minuten backen.

Zeit: 30 Minuten
+ Backzeit: 35 + 10 Minuten
Kalorien pro Stück: 50

Info

Zu hart zum solo essen! Cantucci in Espresso, Cappuccino oder – das liebt der Italiener! – in Vin Santo, den italienischen Dessertwein, tauchen! Ist garantiert unwiderstehlich ...

Amaretti

Zart-luftige Mandelmakronen

Für ca. 35 Stück

4 Eiweiß (von großen Eiern)
200 g Zucker
2 Tütchen Amaretto-Bittermandel-Aroma
250 g abgezogene, gemahlene Mandeln
Außerdem:
Puderzucker zum Bestäuben

1 Eiweiß in eine große Schüssel geben und steif schlagen, dabei 50 g Zucker einrieseln lassen. Zum Schluss das Amaretto-Aroma unterrühren.
2 Die Mandeln mit dem restlichen Zucker mischen und portionsweise mit einem Teigschaber unter den Eischnee mengen. Nicht zu viel rühren!
3 Mit zwei Teelöffeln ovale Häufchen auf ein mit Backpapier ausgelegtes Backblech setzen, dabei etwas Abstand lassen. Vor dem Backen an einem kühlen, trockenen Ort etwa 2 Stunden trocknen lassen.
4 Dann im vorgeheizten Backofen bei 125-150 °C etwa 1 Stunde mehr trocknen als backen. Die Makronen sollen innen noch weich sein.
5 Nach dem Backen leicht mit Puderzucker bestäuben.

Zeit: 30 Minuten
+ 2 Stunden zum Trocknen
+ Backzeit: 1 Stunde
Kalorien pro Stück: 70

Info

Amaretti sind eine beliebte Zutat für viele Desserts. Sie schmecken super zu Obstsalaten oder auch einfach so zum Espresso!

Blitz-Kirschkuchen

Crostata di ciliege

Mit Zutaten aus dem Vorrat – praktisch für Kurzentschlossene

Für 6 Stücke

1 großes Glas entsteinte Sauerkirschen (Schattenmorellen)
4 EL Kirschmarmelade · 1 Prise Zimt
1 Packung (400 g) Mürbeteig aus dem Kühlregal
2 EL Grieß

1 Die Kirschen auf einem Sieb abtropfen lassen. Mit der Marmelade und dem Zimt vermischen.
2 Eine Pieform (20 cm Durchmesser) fetten. 2/3 des Mürbeteigs auf bemehlter Fläche ausrollen und die Form damit auslegen. Die Ränder abschneiden. Den Teigboden mehrmals mit einer Gabel einstechen und mit Grieß bestreuen.
3 Den Backofen auf 200 °C vorheizen.
4 Die Mürbeteigreste mit dem übrigen Teig zusammenkneten, ausrollen und Streifen ausschneiden.
5 Die Kirschen auf dem Teig verteilen. Die Teigstreifen gitterförmig darüber legen.
6 Im Ofen 20-30 Minuten backen. Lauwarm oder kalt servieren.

Zeit: 20 Minuten
+ Backzeit: 20-30 Minuten
Kalorien pro Stück: 395

Tipp

Lust auf Handarbeit? Also gut – hier das Rezept für selbst gemachten Mürbeteig:
200 g Mehl mit 125 g kalten Butterstückchen, 1 Eigelb und 2 EL kaltem Wasser zu einem Teig verkneten. In Folie wickeln und 30 Minuten in den Kühlschrank legen. Dann verarbeiten.

Variationen

Schmeckt auch super, wenn man diesen Kuchen nur mit Pflaumenmus oder Aprikosenmarmelade belegt! Dafür braucht man jeweils ein ganzes Glas Marmelade. Den Gries eventuell durch geriebene Mandeln ersetzen.

Mandelkringel mit Orangensirup

Canestrelli

Italienisches Traditionsgebäck mit Orangen-Aroma

Für ca. 25 Stück

Für den Teig:
150 g gemahlene Mandeln
100 g Zucker
2 TL abgeriebene Orangenschale
3 EL Orangenblütenwasser oder Orangenlikör
75 g Mehl
1 Eiweiß

Für den Sirup:
150 ml Orangensaft
50 g Zucker

1 Alle Zutaten für den Teig in eine Schüssel geben und glatt verkneten. Den Teig in Folie wickeln und 20 Minuten kühl legen.
2 Den Backofen auf 175 °C vorheizen.
3 Inzwischen den Teig portionsweise auf einer bemehlten Fläche etwa in Stärke des kleinen Fingers ausrollen. In 1 cm breite und 6-7 cm lange Streifen schneiden. Jeden Teigstreifen zu einem Kringel formen.
4 Auf ein mit Backpapier ausgelegtes Backblech legen und 15-20 Minuten backen.
5 In der Zwischenzeit Orangensaft und Zucker sirupartig einkochen.
6 Die Kringel vorsichtig vom Blech lösen und kurz mit einer Gabel in den Sirup tauchen. Dann auf einem Kuchengitter trocknen lassen.

Zeit: 30 Minuten
+ Kühlzeit
+ Backzeit: 15-20 Minuten
Kalorien pro Stück: 70

Variation

In Ligurien und im Piemont kennt man diese Kringel auch mit Kakao oder Vanillezucker bestreut. Mal ausprobieren!

Süße Teigtaschen

Ravioli dolci

Fingerfood für viele Leckermäuler

Für 12 Personen

1 Packung (450 g) TK-Blätterteig
250 g Ricotta
150 g kandierte Früchte, fein gewürfelt
2 TL abgeriebene Zitronenschale
Frittierfett
Puderzucker zum Bestäuben

1 Die Blätterteigplatten nebeneinander auf die Arbeitsfläche legen und etwa 20 Minuten auftauen lassen.
2 Ricotta mit kandierten Früchten und Zitronenschale vermengen.
3 Schon mal das Frittierfett erhitzen.
4 Die Blätterteigplatten übereinander legen und auf bemehlter Fläche dünn ausrollen. Auf einer Teighälfte im Abstand von etwa 5 cm kleine Ricottahäufchen verteilen. Die zweite Teighälfte locker darüber klappen. Mit einem Glas um die Füllung herum runde Teigtaschen ausstechen. Die Ränder gut zusammendrücken!
5 Die Teigtäschchen portionsweise goldbraun frittieren. Auf Küchenpapier zum Abtropfen legen und mit Puderzucker bestäuben.

Zeit: 45 Minuten
Kalorien pro Portion: 240

Info

Das Rezept stammt aus Ligurien und ist dort ein typisches Karnevalsgebäck. Überraschen Sie damit mal Ihre Freunde beim nächsten Fasching – auf italienische Art!

Variationen

Versuchen mal eine Füllung aus Marzipan (Marzipanrohmasse gibt's fertig zu kaufen, evtl. noch mit etwas Mandellikör verfeinern) oder einer fruchtigen Konfitüre – so isst man die süßen Teigtaschen in der Emilia!

Ertrunkene Kapuziner

Cappuccini affogati

Arme Ritter – rotweinsüchtig

Für 4 Personen

150 ml Rotwein
1 Zimtstange
1 Hand voll Rosinen
1 Vanilleschote
½ kleines Baguette (vom Vortag – altbackene Brötchen gehen natürlich auch)
3 Eier
1 EL gemahlene Mandeln
Öl zum Braten
Zucker zum Bestreuen

1 Den Rotwein in einen Topf gießen. Zimt und Rosinen zufügen. Die Vanilleschote längs aufschneiden und das Mark herauskratzen und mit der Schote ebenfalls zum Rotwein geben. Den Wein bei mäßiger Hitze erwärmen.
2 Das Brot in 2 cm dicke Scheiben schneiden. Die Eier mit den Mandeln in einem tiefen Teller verquirlen.
3 Reichlich Öl in einer tiefen Pfanne erhitzen. Die Brotscheiben in die Eier tauchen und im heißen Fett goldbraun backen.
4 Den Backofen auf 175 °C vorheizen.
5 Die Brotscheiben in eine flache Auflaufform legen und mit etwas Zucker bestreuen.
6 Zimt- und Vanilleschote aus dem Rotwein fischen. Die Brotscheiben mit dem Rotwein beträufeln, die Rosinen darüber verteilen. Im Ofen etwa 10 Minuten überbacken. Heiß servieren.

Zeit: 30 Minuten
Backzeit: 10 Minuten
Kalorien pro Portion: 405

Tipp

Wer das Rezept in den Wintermonaten zubereitet, kann dafür natürlich auch fertig gekauften Glühwein nehmen.

Italienische Menüs
für Zwei, für die Erbtante ...

Alles easy!

Es kommen Freunde? Sie planen ein Picknick? Oder ein typisch italienisches Menü? Sie haben heute nur Lust auf Pasta und Dolci? Va bene! Hier sind Menüvorschläge für jede Gelegenheit. Die Rezepte stehen im Buch, die Seitenzahl ist angegeben. Los geht's:

Klassisches italienisches Menü

Für 4 Personen
Antipasti: Vitello tonnato 34
Marinierte Auberginen 36
Gebratene Kräuter-Oliven 38
Primo: Spaghetti alla bolognese 44
Secondo: Kalbsbraten in Milch 100
Contorno: Fenchel mit Parmesan 94
(doppelte Menge)
Dolce: Panna cotta 126

Grün – weiß – rot...

Italiens Farben sind Dekoration!

Italienisches Essen ist immer farbenfroh und macht Appetit. Weiße Teller, einfache Gläser, Servietten und Besteck – das ist schon italienisch. Wer noch mehr Italien-Ambiente schaffen möchte, für den haben wir noch ein paar Tipps:

Pasta – in Gläsern oder nur so auf dem Tisch verteilt –, frische Tomaten und ein, zwei Basilikumtöpfchen (super in leeren Tomatendosen aufgehoben) auf Tisch oder Buffet verteilen.

Weiße Papiertischdecken auflegen und die Namen der Speisen mit rotem und grünem Stift darauf schreiben.

Muschelnudeln mit Salz füllen und kleine Italien-Flaggen (die gibt`s in Schreibwarenabteilungen) hineinsetzen. Zusätzlich „grün-weiß-rot"-Bänder über den Tisch legen.

Easy cooking - in 50 Minuten

Zwei schnelle Menüs

Für 4 Personen
Sellerie mit Gorgonzolacreme 37
Spaghetti mit Olivenpaste 54
Schweinekotelett Florentiner Art 108
Erdbeeren mit Aceto 125
oder:
Crostini mit Wacholderbutter 36
Spaghetti mit Petersilien-Pesto 56
Saltimbocca 102
Obstsalat 126

So machen Sie Freunde glücklich

Für die „Jeder bringt was mit"-Party

Für 4 Personen:
Weiße Bohnen in Tomatensauce 28
Auberginenauflauf 90
Kleine Kalbsröllchen 105
Mandeltorte 133
oder:
Gefüllte Champignons 28
Gefüllte Tomaten 91 (doppelte Menge)
Geschmortes Kaninchen 108
Tiramisú 125

Vier Jahreszeiten

Frühling

Für 4 Personen
Omelett mit Zuckerschoten 33
Spargel-Pizza 81
Putenschnitzel in Orangensauce 101
Erdbeeren mit Aceto 125
oder:
Carpaccio 29
Linguine mit Zuckerschoten 49 (doppelte Menge)
Rotbarben mit Zitrone 117
Süße Teigtaschen 137

Sommer

Für 4 Personen
Melone mit Parmaschinken 30
Kräuter-Risotto 65
Marinierter Thunfisch 112
Espresso-Granité 124
oder:
Für 2 Personen
Gratinierte Zucchiniblüten 33
Kräuter-Pasta 54
Entenbrust mit Zwiebel-Oliven-Sugo 109
Zitronensorbet 124

Herbst

Für 2 Personen
Gebratene Kräuter-Oliven 38
Steinpilz-Risotto 66
Geflügelleber mit Salbei 104
Gefüllte Pfannkuchen 128 (halbe Menge)
oder:
Für 4 Personen
Überbackener Mozzarella 26
Nudeln mit Linsen 48
Hähnchenbrust mit Thunfischsauce 102
Espresso-Schaum 132

Winter

Für 4 Personen
Überbackenes Crostini 30
Polenta mit Sardellen 69
Kartoffel-Gemüse-Topf 95
Cantuccini zum Espresso 134
oder:
Für 4-6 Personen
Gemüse mit Sardellensauce 26
Lasagne alla napoletana 53
Rinderschmorbraten in Rotwein 109
Ertrunkene Kapuziner 137

Vegetarisch

Gemüse-Sehnsucht

Für 4 Personen
Marinierte Paprikaröllchen 32
Blumenkohlsalat 91
Tomatenrisotto mit Gemüse 64
Gefüllte Pfirsiche 130
oder:
Gefüllte Champignons 28
Spargel mit Tomaten 92
Kräuterpasta 54 (doppelte Menge)
Schoko-Salami 126

Für Zwei

Amore mio...

Orangensalat mit Rucola 37
Tagliatelle in Pilzsauce 50
Lamm mit Artischocken 106
Melone mit Marsala 129
oder:
Crostini mit Sardellen und Salbei 36
Spaghetti al limone 46
Knoblauch-Garnelen 118
Geeiste Orangen 132

Menü mit Meeresfrüchten

Für 4 Personen
Garnelensalat 29
Spaghetti ai frutti di mare 57
Fritto misto di mare 114
Pochierte Birnen mit Safran 130

Für Puristen

Grün – weiß – rot

Für 2 Personen
Grüne Bohnen mit Sardinen 32 (halbe Menge)
Spaghetti al limone 46
Gratinierte Schweinemedaillons 106
Ricottacreme mit Früchten 126 (halbe Menge)

Tomatenrot

Für 4 Personen
Bruschetta 29
Spaghetti mit Tomatenpesto 44
Gefüllte Tomaten 91
Aal in Tomatensauce 113
Blitz-Kirschkuchen 136

Unkonventionelle Menüs

Pasta! Basta!

Für 4 Personen
Spaghetti all'amatriciana 49
Tortellini in Zitronensauce 54
Pasta mit Brokkoli 56 (doppelte Menge)
Pfirsichsalat 132

Pizza satt

Für 4 Personen
Gemischter Salat (ohne Rezept)
Spinat-Pizza mit Lachs 77
Kartoffel-Pizza 78
Espresso-Granité 124

Antipasti, dolce – sonst nichts!

Für 4 Personen
Crostini mit Olivenpüree 30
Grüne Bohnen mit Sardinen 32
Marinierte Auberginen 36
Tiramisú 125
oder:
Brotsalat 34
Vitello tonnato 34
Sellerie mit Gorgonzolacreme 37
Ricottacreme mit Früchten 125

Macht was her!

Für den Chef, die Eltern, oder...

Für 4 Personen
Garnelensalat 29
Gratinierte Zucchiniblüten 33
Tagliatelle mit Lachstatar 56 (doppelte Menge)
Goldbrasse aus dem Ofen 114
Zuppa inglese 129
oder:
Marinierte Paprikaröllchen 32
Omelette mit Zuckerschoten 33
Tortellini in Zitronen-Sahne-Sauce 54
Kalbsbraten in Milch geschmort 100
Panna cotta 126

Picknick

Für 4 Personen
Brotsalat 34
Pizzafladen 80
Gefüllte Paprika 87
Amaretti 134

Fingerfood

Für 6-8 Personen
Grissinistangen mit Parmaschinken umwickelt (ohne Rezept)
Gemüse mit Sardellensauce 26
Gratinierte Muscheln 116
Bruschetta 29
Mini Pizzen 81
Cantucci und Amaretti 134

Großes italienisches Buffet

Für 6-8 Personen
Melone mit Parmaschinken 30
Fischsuppe 116
Pizza mit Käse 76
Zitronen-Hühnchen 105
Fenchel mit Parmesan 94 (doppelte Menge)
Zuppa inglese 129

Antipasti-Buffet

Für 6-8 Personen
Carpaccio 29
Sellerie mit Gorgonzolacreme 37
Marinierte Zwiebeln 37
Marinierte Auberginen 36
Artischocken-Omelett 38
Brotsalat 34
Ricotta-Honig-Gratin 128

Strandparty

Mit Meer- und Seeblick...

Für 6-8 Personen
Italienisches Brot (Ciabatta), Käse, Schinken, Weintrauben und Melone, Wein und Mineralwasser.
Dazu:
Rucola-Pesto 33
Olivenpüree 30
Thunfischcreme 34

Vorspeisen
Antipasti

Nudeln & Co.
Pasta & co

Risotto & Polenta
Risotto & Polenta

Pizza

Gemüse
Verdure

Fleisch
Carne

Fisch & Meeresfrüchte
Pesce & frutti di mare

Dessert und Gebäck
Dolci

Abkürzungen und Hinweise zu den Rezepten:

EL = Esslöffel
TL = Teelöffel
ml = Milliliter
Pck. = Päckchen
TK = Tiefkühlkost

Eier unbedingt immer frisch verwenden. Bleibt mal etwas von einer Speise mit rohen Eiern übrig, sofort in den Kühlschrank stellen. Im Sommer lieber solche Speisen ganz vermeiden.
Wenn nichts anderes angegeben ist, Eier der Größe M verwenden.

Zwiebeln und Knoblauch werden immer gepellt verwendet.
Gemüse wird, wenn nicht extra etwas anderes angegeben ist, grundsätzlich geschält und/oder geputzt verwendet.

Redaktion, Gestaltung und Satz: Bine Cordes, Weyarn
Fotos: FOOD CENTRALE, Hamburg
sowie Jean-Blaise Hall auf den Seiten 24, 59, 63, 111, 144,
Isabelle Rozenbaum auf den Seiten 25, 72, 73, 110, 138, 139, 140
und Frédéric Cirou/Isabelle Rozenbaum auf den Seiten 40, 41, 55, 62, 96 und 138
Litho: inteca Media Service GmbH, Rosenheim
Druck: Officine Grafiche De Agostini, Novara
ISBN 3-934058-63-9